CODE

DES

PENSIONS CIVILES.

Imprimerie LACOUR, rue Soufflot, 16

CODE

DES

PENSIONS CIVILES

A l'usage de tous les fonctionnaires publics.

HISTOIRE, LÉGISLATION ET JURISPRUDENCE.

1790 — 1853

PAR

LOUIS DE LA ROQUE,

AVOCAT A LA COUR IMPÉRIALE DE PARIS.

PARIS

A. MARESCQ & DUJARDIN, LIBRAIRES-ÉDITEURS

17, rue Soufflot, près l'École de Droit.

1854

A

M. ISIDORE AUBANEL.

Témoignage d'affection et de reconnaissance.

Louis DE LA ROQUE.

BIBLIOGRAPHIE.

BAILLY. *Histoire des finances du Royaume-Uni.*

Bulletin des Lois.

CHEVALLIER. *Jurisprudence administrative.* 1839.

CORMENIN. *Droit administratif.*

DALLOZ. *Recueil de Jurisprudence.*

DEVILLENEUVE. *Recueil de jurisprudence.*

DUFOUR. *Droit administratif.*

DUMESNIL. *Manuel des pensionnaires de l'État,* 1841.

Exposé des motifs des projets de loi sur les pensions civiles de 1834,
1837, 1838, 1840, 1841, 1843, 1851, 1853.

*Exposé historique et analytique des questions relatives à la rémunération
des services civils.* 1841.

GOUIN. *Rapport du 4 mai* 1853.

Baron JANET. *Rapport du 1er juin* 1838.

Journal du Palais.

LAS CASES (E. de). *Rapport du 21 juin* 1837.

LEBON. *Arrêts du conseil d'État.*

LEPELLETIER D'AULNAY. *Rapport de* 1832.

Livre Rouge. 1790.

MATTHIEU. *Rapport du 19 juin* 1840.

Procès-verbaux des séances du Corps législatif. 1853.

RÉAL (F.). *Rapports du 19 février* 1841; 10 *juin* 1843 ; 4 *mars* 1845.

SAPET. *Rapport du 6 janvier* 1835.

SIREY. *Recueil de jurisprudence.*

VIVIEN. *Études administratives.* 1852.

ERRATA.

Page 5, ligne 2 de l'épigraphe, au lieu de : *rempli*, lisez : *rendu*.

Page 63, ligne 30, au lieu de : 1er *janvier* 1852, lisez : 1er *janvier* 1854, et voyez la page 178.

Page 81, ligne 1, au lieu de : 1er *janvier* 1853, lisez : 1er *janvier* 1854.

Page 87, ligne 2, au lieu de : 13 *décembre*, lisez : 13 *septembre*.

Page 184, ligne 28, lisez : *p.* 168.

Page 190, ligne 28, au lieu de : 5 *mars* 1810, lisez : 5 *mars* 1816.

AVANT-PROPOS.

L'honorable M. Vivien, dans ses remarquables *Études administratives*, a tout récemment tracé un portrait des fonctionnaires publics, que nous ne pouvons nous dispenser de reproduire au début d'un travail qui leur est spécialement destiné.

« Les fonctionnaires publics, en donnant à ce titre son acception la plus large, sont les dispensateurs ou les instruments de la force sociale. La loi trouve en eux des intelligences qui la fécondent, l'interprètent ou l'appliquent. Par leur entremise, la justice se rend, l'instruction se propage, la police est observée, l'impôt perçu, la fortune publique administrée, la richesse nationale accrue ; la sûreté, la dignité, la grandeur du pays, sont maintenues et garanties. Ils occupent tous les degrés de l'échelle sociale ; ils résident sur toutes les parties du territoire, et y représentent sous des aspects multiples la puissance publique. Ils sont les rouages qui reçoivent le mouvement et le transmettent à la machine de l'État, les canaux par lesquels passent les bienfaits d'un gouvernement stable et régulier, les forces animées qui donnent la vie aux résolutions abstraites des grands pouvoirs. Ils tiennent une grande place dans toute organisation politique. Les plus chers intérêts du pays reposent entre leurs mains ; leurs fautes peuvent tarir les sources de la prospérité publique, et leurs talents les vivifier. Partout leur condition préoccupe vivement les hommes d'État et les gouvernements [1]. »

De toutes les matières administratives, celle des pensions civiles est donc l'une des plus importantes, puisqu'elle intéresse l'avenir de tous les fonctionnaires.

Jusqu'à ce jour une grande confusion a régné dans la législation qui les régissait. Cette législation, remplie d'inégalités et d'injustices, ne donnait droit à la pension qu'à un petit nombre de fonctionnaires, et ouvrait, en outre, une large place à l'arbitraire et aux abus.

Il existait vingt-quatre caisses de retraite : pas deux n'étaient soumises aux mêmes règlements. Les conditions de durée des services, l'âge nécessaire pour obtenir la retraite, le chiffre de la retenue, la quotité

[1] VIVIEN, *Études administratives*, t. 1. p. 171. 1852.

de la pension, le mode de calculer le traitement moyen, tout était disparate et sans unité.

L'utilité d'une législation unique était reconnue par tout le monde; elle intéressait le gouvernement autant que les fonctionnaires.

Depuis vingt ans la question revenait périodiquement devant les Chambres ; six commissions l'avaient élaborée et en avaient fait l'objet des plus consciencieuses études sans amener une solution.

C'était un devoir pour l'héritier de celui à qui la France doit son organisation administrative, de compléter son œuvre en réglant le sort des fonctionnaires, lorsque l'âge et les infirmités sont venus arrêter le cours de leurs travaux.

Paris, 20 novembre 1853.

INTRODUCTION HISTORIQUE.

Il faut pouvoir donner des pensions à tous
les hommes qui ont rempli des services civils.

NAPOLÉON.

I.

On appelle *pension* (*pensio*, du latin *pendere*, payer [1])
une certaine rétribution viagère, ou même temporaire,
qui se paie en retour de quelque chose que l'on a
reçu.

Chez un peuple libre, servir l'État est un devoir
que tout citoyen est tenu de remplir; mais l'État doit
à son tour des récompenses à ceux qui lui sacrifient
leurs talents, leur santé, leur fortune ou leur vie.

« A Rome, les emplois publics ne s'obtenaient que
« par la vertu et ne donnaient d'utilité que l'honneur
« et une préférence aux fatigues [2].

« Il a été aussi un temps où, parmi nous, les gens
« de qualité avaient plus de jalousie des récompenses

---

[1] Quod ære gravi quum uterentur Romani, penso eo, non nume-
rato, debitum solvebant, inde *pensiones* dictæ. (S. P. Festus, *De
signif. verb.*, XIV.)

[2] MONTESQUIEU, *Grand. et décad.*, c. 4.

« d'honneur que de celles où il y avait du gain et du
« profit[1]. »

L'honneur qui est le résultat du témoignage public donné à une belle action est sans contredit la
première et la plus grande des récompenses que la
société puisse accorder à ses membres ; on doit le
placer toujours au premier rang des récompenses publiques. Mais la fortune ne permet pas à tous de se
contenter de grâces honorifiques. L'homme a des
besoins journaliers, son dévoûment à la patrie en-
traîne des pertes et des dépenses dont il est juste de
le dédommager sur les fonds publics : ce dédomma-
gement s'appelle *traitement*.

Les services incessants, innombrables, que le gouvernement est tenu d'exécuter dans l'intérêt social
exigent le concours d'une multitude d'agents probes
et dévoués. Or, la meilleure garantie de leur probité
et de leur dévoûment réside dans un système de
rémunération qui assure leur existence dans leurs
vieux jours. Indépendamment des bons services que
cette rémunération assure au gouvernement, elle est
encore une garantie de stabilité du personnel administratif, en ce qu'elle empêche que les employés ne
lui soient enlevés par la concurrence de l'industrie[2].

---

[1] MONTAIGNE, liv. II, c. 7.

[2] Il y a au service de l'État de hautes intelligences qui se sont
formées dans la pratique des affaires publiques. Ce qui contribue le
plus à les retenir dans les rangs de l'administration à une époque où
l'activité industrielle sollicite toutes les forces vives de la société, c'est

Récompenser les services passés est donc pour les États, sous quelque forme qu'ils soient constitués, une nécessité politique, et, malgré les charges apparentes, une bonne combinaison d'économie. Cette rémunération des longs et bons services, qui se retrouve dans les familles comme dans tous les établissements particuliers, ne saurait être refusée au nom de la société, à moins de déclarer celle-ci inaccessible à tout sentiment de justice, d'humanité et de reconnaissance. Lorsqu'elle fournit aux besoins de la vie tant que la vie se conserve, cette rémunération s'appelle *pension,* et *gratification* quand elle n'est que passagère [1].

L'usage d'accorder des récompenses pour les services passés est fort ancien dans le monde; il n'y a que la manière de gratifier qui ait varié. L'esprit de cette tradition se résume dans ces mots de Guy-Coquille :

« Dans une société réglée, on fait compte de ceux
« qui sont en vigueur d'âge pour ce qu'ils font ; des
« vieux, pour le conseil et pour la souvenance de ce
« qu'ils ont fait et bien fait. »

precisément cette perspective de sécurité que le fonctionnaire entrevoit au terme de sa carrière. Un grand nombre d'entreprises industrielles auraient intérêt à enlever à l'État ses auxiliaires les plus utiles ; pour s'en convaincre, il suffit de jeter les yeux sur le personnel dont se composent la plupart des conseils d'administration de ces sociétés : on y voit en grand nombre d'anciens fonctionnaires d'un ordre supérieur, d'anciens ministres, d'anciens membres du conseil d'État. (De Belleyme. Corps législatif, séance du 13 mai 1853, p. 279.)

[1] Loi du 22 août 1790, art. 24.

Les pensions doivent occuper une place importante dans les finances d'un pays bien organisé. Le gouvernement anglais en met l'acquittement au rang de ses premiers engagements[1] ; elles sont inscrites chez nous au grand-livre de la dette publique[2].

Avant la loi de 1790 tout était arbitraire en cette matière ; il n'y avait aucune somme fixe pour les pensions, aucune quotité déterminée, soit pour le temps, la nature ou l'espèce de services, soit pour le grade ou la qualité de celui auquel elles étaient concédées. La faveur présidait presque toujours à leur concession : c'était plutôt, disait-on, une libéralité qu'une dette de l'État. Les ministres en accordaient sans la volonté, outre la volonté, quelquefois même contre la volonté du roi[3].

Ils pouvaient d'autant mieux être généreux que le contrôle était difficile et toujours inefficace. Les dépenses ordonnées ne repassaient sous les yeux du roi qu'après un intervalle de plusieurs années, à une époque où souvent il ne restait pas un seul des ministres sous lesquels elles avaient été faites. Comment compter sur une pareille vérification ? Quant à celles de la cour des comptes, l'abus des *états de comptant*[4] les avaient rendues complétement illusoires.

---

[1] BAILLY, *Hist. des fin. du Royaume-Uni*, t. i, p. 101.

[2] Loi du 9 juin 1853, art. 2.

[3] Rapport du comité des pensions à l'Assemblée nationale. 1790. p. 71. *Livre rouge*, p. 5.

[4] On appelait *état de comptant* une ordonnance du roi contenant

Avec un tel désordre les injustices devaient être nombreuses, et plus nombreuses encore les charges qui grevaient le trésor public.

C'est à ce régime arbitraire et ruineux que l'Assemblée constituante voulut mettre un frein.

II.

La loi du 3 août 1790 est le point de départ de notre législation sur les pensions civiles : c'est dans cette grande charte de la rémunération nationale qu'on trouve les premières traces d'un système de pensions régulier et portant caractère d'institution publique. Elle pose en principe la rémunération des services rendus à l'État quand leur *importance* et leur *durée* méritent ce témoignage de reconnaissance.

A cinquante ans d'âge et après trente ans de services, la pension était liquidée au quart du traitement, et une somme de 10 millions était affectée aux pensions civiles et militaires.

---

titre au porteur sur le trésor royal *sans en faire déclaration plus expresse*. Ils furent, dans le principe, bornés au secret des affaires étrangères et fixés à une somme déterminée et peu considérable ; mais ils servirent ensuite à couvrir les dépenses secrètes de la finance. (*Obs. sur la compt. et la jurid. de la Ch. des comptes*, 1783, p. 12.)

Livre rouge, p. 4.

1.

En fixant un minimum, il devait arriver, et il arriva en effet qu'il y aurait insuffisance et disproportion entre les promesses de la loi et les moyens de les accomplir [1].

La loi du 15 germinal an xi décida que pendant cinq ans il ne serait plus créé de pensions que pour une somme égale à la moitié des extinctions, et fixa le maximum de chaque pension au chiffre de 6,000 fr. [2].

En 1806 on modifia les conditions d'admission à la retraite et les bases de la liquidation. Le droit à la pension ne fut acquis qu'après trente ans de services et soixante ans d'âge. Elle fut liquidée au sixième du traitement des quatre dernières années, et augmentée d'un trentième des cinq sixièmes restants pour chaque année en sus. Le maximum restait toujours fixé à 6,000 fr. [3].

Un décret du 21 septembre 1806 permettait d'élever ce maximum au chiffre de 20,000 fr. en faveur des grands fonctionnaires de l'Empire, de leurs veuves et de leurs enfants, lorsque, par des services distingués, ils auraient droit à une récompense extraor-

---

[1] De là résulta l'obligation absolue d'en détacher la rémunération des services militaires. Les pensions militaires ont été réglées par la loi du 8 floréal an xi (28 avril 1803). Elles le sont aujourd'hui par les lois des 11 avril 1831 et 19 mai 1834, et les ordonnances des 2 juillet 1831 et 4 février 1832.

[2] *Bulletin des lois*, an xi, 3e série, t. viii, n° 267, p. 87.

[3] *Bulletin des lois*, 1806, 4e série, t. v, n° 1947, p. 501.

dinaire, et que la situation de leur fortune le rendrait nécessaire [1].

Ce décret a été abrogé sur la proposition de M. de Cormenin par la loi du 31 janvier 1832 [2].

La loi de 1790 posait bien en principe que l'État était un débiteur et non par un bienfaiteur à l'égard des fonctionnaires ; mais en lui laissant le pouvoir de déterminer lui-même *l'importance* des services , qui seule donnait droit à la pension ; et en fixant un maximum qu'on ne pouvait pas dépasser, elle apportait à son principe une notable restriction, qui donna bientôt naissance aux caisses de retraite et de retenue.

Le nombre des pensionnaires sur fonds généraux, en vertu de la loi de 1790 , était donc très limité. Voici ceux que l'usage a consacrés [3] :

Les ministres secrétaires d'État ;
    Sous-secrétaires d'État ;
    Conseillers d'État ;
    Maîtres des requêtes ;
    Magistrats de la cour des comptes ;
    Préfets ;
    Sous-préfets ;
    Conseillers de préfecture ;
    Contrôleurs des monnaies ;

---

[1] *Bulletin des lois*, 1806, 4e série, t. vii, n° 161, p. 86.

[2] *Moniteur*, 7 décembre 1831.

[3] CORMENIN, *Droit administratif*, t. ii, p. 380.

   DUFOUR, *Droit administratif*, t. v, p. 102.

   DUMESNIL, *Manuel des pens. de l'État*, p. 201.

Directeurs des postes ;

Employés des lignes télégraphiques.

Dès qu'une administration s'est trouvée pourvue d'une caisse de retenue, les employés ont été placés en dehors du régime institué par la loi de 1790 et le décret du 13 septembre 1806. C'est ce qui a eu lieu pour les affaires étrangères depuis le 23 avril 1800 ; et la magistrature depuis le 23 septembre 1814.

La somme de ces pensions a toujours été relativement peu considérable, et sa tendance décroissante [1] est venue prouver qu'il n'y avait là ni abus à détruire, ni péril à conjurer pour la fortune publique. On n'en pouvait pas dire autant des caisses de retraite et de retenue.

III.

Le gouvernement ayant repris la direction immédiate de toutes les régies financières, précédemment affermées, et le nombre des employés s'étant augmenté par l'agrandissement de notre territoire, la dépense s'accrut d'une manière si considérable, qu'il

[1] Les pensions civiles liquidées par la loi de 1790 et le décret de 1806 figuraient au budget de :

1818	pour	.	.	.	.	2,450,000 fr.
1822	pour	.	.	.	.	2,000,000
1832	pour	.	.	.	.	1,700,000
1850	pour	.	.	.	.	1,450,000
1852	pour	.	.	.	.	1,380,000 .

fallut aviser aux moyens de restreindre les charges que l'application du principe posé dans la loi de 1790 pouvait entraîner.

Le droit à la pension ne s'ouvrant, comme nous l'avons vu, que pour les fonctions dont le gouvernement reconnaissait arbitrairement l'importance et la durée, les employés se constituèrent un fonds de retraites au moyen de retenues sur leurs traitements. Le gouvernement s'empressa d'encourager une institution qui venait singulièrement en aide à ses embarras financiers, et dont il recueillait le bénéfice sans en avoir les frais. La Convention nationale, par son décret du 26 octobre 1795 (4 brumaire an IV), soumit les appointements des agents de l'Enregistrement et des Domaines à la retenue de 1 0/0. Elle attribua en outre à ces économies imposées les avantages de la *tontine* [1], convention particulière qui n'avait aucun rapport avec les dépenses publiques. Telle fut l'origine des *Caisses de retraite et de retenue* [2].

Mais l'institution n'était pas nouvelle. Sous Louis XIV on avait déjà compris tous les avantages de ces associations tontinières. La caisse des inva-

---

[1] On appelle *tontine* une société de créanciers de rentes perpétuelles et viagères formée sous la condition que les rentes des prédécédés accroîtront aux survivants, soit en totalité, soit jusqu'à une certaine concurrence. Elle est ainsi appelée du nom de Tonti, Italien, qui le premier en a conçu l'idée et l'a mise en pratique à Paris vers l'an 1650, sous le ministère de Mazarin.

[2] CHEVALLIER, *Jurisp. adm.*, t. II, p. 241.
VIVIEN, *Études adm.*, t. I, p. 298.

lides de la marine, fondée par Colbert en 1674 et destinée à servir des pensions à tout le personnel du département de la marine et des colonies, était une *tontine*.

Quatorze mille individus, à peu près, étaient pensionnés sur cette caisse en 1790, et percevaient annuellement 1,800,000 fr. Aucune pension ne devait excéder 1,000 fr. Il n'en pouvait être accordé qu'à ceux qui, par des retenues sur leurs appointements ou salaires, avaient accru la caisse des invalides, ou en raison de leurs services, à leurs femmes et enfants [1].

L'ancienne compagnie des fermes qui, avant la Révolution, était chargée des services confiés aujourd'hui aux régies et administrations financières, avait aussi établi en faveur de ses employés un système de retraites dont les fonds étaient faits : 1° par une retenue de 3 0/0 sur leurs traitements ; 2° par une subvention annuelle de pareille somme faite par la compagnie elle-même ; 3° par le produit des vacances. Elle donnait, en outre, aux vieux employés, à titre de retraite, les places moins pénibles et que leur âge n'empêchait pas d'occuper [2].

---

[1] *Livre rouge.* (Correspondance du comité des pensions avec les ministres et ordonnateurs. Lettre de M. de La Luzerne, ministre de la marine, p. 60, 61.)

[2] V. un règlement de la Ferme de 1768, et l'*Exposé historique et analytique des questions relatives à la rémunération des services civils.* Imp. roy. 1841, p. 5, bibl. du Corps législatif.

Bientôt les différentes administrations suivirent l'exemple donné par celle de l'Enregistrement et des Domaines.

Le 2 floréal an v (21 avril 1797), une caisse des retraites fut instituée dans l'administration des Douanes, d'après le vœu et la demande des employés, et successivement dans celles des :

Affaires étrangères, 3 floréal an viii (23 avril 1800);
Forêts, 6 ventôse an ix (25 février 1801);
Salines, 7 nivôse an x (28 décembre 1801);
Instruction publique, 11 floréal an x (1er mai 1802);
Loterie, 24 floréal an x (14 mai 1802);
Contributions indirectes, 6 ventôse an xii (25 février 1804);
Ponts-et-chaussées, 7 fructidor an xii (25 août 1804);
Postes, 17 vendémiaire an xiii (9 octobre 1804);
Intérieur, agriculture, commerce, 4 juillet 1806;
Poudres et salpêtres, 22 janvier 1808;
Guerre, 2 février 1808;
Prisons, 7 mars 1808;
Haras, écoles vétérinaires, 6 février 1810;
Ingénieurs des mines, 18 novembre 1810;
Cour des comptes (employés), 10 février 1811.

Un avis du conseil d'État, en date du 5 mars 1811, approuvé par l'Empereur, ordonna la formation d'un fonds commun de pensions et de secours, en faveur de tous les salariés de l'État.

« Le conseil d'Etat qui, d'après le renvoi ordonné par Sa Majesté, a entendu le rapport de la section des finances sur celui du ministre de ce département tendant à faire former par une légère retenue un fonds de pensions et de secours, en faveur des ecclésiastiques, des membres des autorités judiciaires et civiles, des agents diplomatiques, des militaires des armées de terre et de mer, et généralement de tous ceux qui reçoivent un traitement ou salaire du trésor impérial ;

« Considérant que déjà il a été autorisé, sur la demande de plusieurs administrations, des retenues sur les traitements de léurs membres et employés, et qu'on a reconnu que cette mesure avait le double avantage de tranquilliser les employés sur leur sort dans l'âge des infirmités, et de les attacher de plus en plus aux fonctions qui leur sont confiées ;

« Que Sa Majesté a aussi accordé une protection particulière à ces établissements et a donné à plusieurs d'entre eux, sur les fonds de son trésor, des sommes plus ou moins considérables pour former le premier fonds destiné à ces pensions ;

« Qu'on ne peut donc élever de doute sur l'utilité d'étendre la mesure des retenues à tous les salariés du trésor impérial, afin de leur assurer à tous les pensions et secours auxquels ils pourront avoir droit ;

« Considérant qu'en rendant la mesure générale, il paraît convenable et dans l'intérêt de tous les salariés que toutes les retenues ne forment qu'un fonds commun, et qu'elles soient toutes fixées dans la même proportion; mais qu'il faut aussi que ce fonds ne soit jamais confondu avec ceux destinés au service de Sa Mejesté, qu'il doit en conséquence être versé à la *caisse d'amortissement*, qui réunit d'ailleurs les facilités pour faire payer les pensionnaires dans toutes les parties de l'empire [1] ;

---

[1] La *Caisse d'amortissement* avait été organisée par un arrêté du 13 messidor an IX. La loi du 28 nivôse an XIII étendit ses attributions en l'instituant *Caisse des dépôts et consignations*. Elle reçut de-

« Enfin, qu'avant d'arrêter définitivement un projet général, il importe que chacun des ministres de Sa Majesté présente ses vues sur les conditions d'admission à ces pensions,
le mode de leur paiement, celui du versement et de la comptabilité des fonds de retenue, ainsi que sur les secours qu'ils
croiraient nécessaire de demander à Sa Majesté pour la formation des premiers fonds,

« Est d'avis :

1º Qu'il soit fait une retenue de deux centimes par franc
sur les traitements de tous les individus qui en reçoivent
de l'Etat à raison d'une fonction ecclésiastique, civile ou militaire ;

2º Que le produit en soit versé à la caisse d'amortissement,
pour former un fonds commun spécialement et exclusivement
destiné à accorder des pensions et secours à ceux qui auront contribué aux retenues, ainsi qu'aux veuves et orphelins ;

3º Que les ministres, chacun pour ce qui le concerne,
soient chargés de soumettre à Sa Majesté leurs vues sur les
conditions d'admission à ces pensions, le mode de leur paiement, celui du versement et de la comptabilité du fonds de
retenue, ainsi que sur les secours à fournir par le trésor
impérial pour la formation du premier fonds. »

Soit qu'on eût déjà reconnu l'insuffisance des fonds
de retraite, soit qu'on l'eût prévue, nous voyons qu'on
cherche à y remédier en augmentant le chiffre des retenues, en abandonnant aux caisses divers produits
appartenant au trésor pour former un premier fonds.
Mais tous ces expédients se trouvèrent insuffisants :

puis les consignations ordonnées, soit par jugement, soit par décision
administrative, elle fut autorisée à établir à cet effet des préposés
partout où besoin serait.

l'État dut intervenir bientôt par des subventions sur les fonds généraux pour combler le déficit s'accroissant tous les jours.

L'institution des caisses de retraites sur retenues ne produisit de cruels mécomptes que parce que, dès l'origine, on manqua aux règles de la prudence la plus vulgaire.

Chaque administration eut sa caisse spéciale avec des règlements particuliers pour la concession des pensions et leur liquidation. Ces règlements étaient soumis à l'autorité, qui les rendait exécutoires sans y apporter de modifications, sans examiner s'ils pouvaient atteindre le but qu'ils se proposaient, et s'ils offraient aux intérêts engagés toutes les garanties désirables.

Il était difficile que les administrations fussent également sages et qu'elles missent la même prudence dans la conservation des fonds de retenue. La plupart voulurent plaire à leurs employés, et leur procurer de promptes et abondantes pensions sans leur imposer de fortes retenues. C'est ainsi qu'elles apportèrent successivement de nombreuses exceptions aux conditions d'âge et de service qui avaient été primitivement fixées. Les veuves et les enfants, qui n'avaient été admis à la reversibilité des pensions qu'au seul cas du décès de leurs maris ou de leurs pères par suite de combats et blessures, furent indistinctement appelés à y prendre part dans tous les cas. On perdit ainsi de vue la destination du fonds commun, qui embrassait un long avenir.

Mais le plus grand vice de toutes ces lois et règlements spéciaux était de n'avoir point fondé un capital nécessaire, pour satisfaire aux besoins présents et à venir, en calculant les droits acquis et ceux à échoir ; de telle sorte qu'il n'y eut jamais équilibre entre les recettes et les dépenses. Les caisses de retenues entraient, dès le premier jour, en pleine possession des ressources qui leur étaient affectées, tandis que les charges auxquelles elles avaient à faire face ne devaient se produire que dans une progression fort lente jusqu'à l'expiration des trente premières années. Cette richesse apparente fit illusion. Les administrateurs s'abusèrent sur l'insuffisance du taux des retenues, sur l'étendue des charges que ferait peser plus tard sur les caisses l'obligation de rémunérer des services rendus antérieurement à leur création, et qui n'avaient point concouru à les alimenter. Ces services, dont la rémunération était de droit à la charge de l'État, ne pouvaient être légitimement comptés dans la liquidation, à moins qu'un fonds calculé sur l'importance des droits acquis ne fût attribué aux caisses de retraite par le trésor public.

L'introduction de cette cause de dépenses dans le jeu de l'association tontinière, sans l'apport équivalent par le titulaire de son contingent annuel de retenue, y causa une véritable perturbation et en altéra l'économie.

Néanmoins, à la chute de l'Empire, les caisses de retenues étaient généralement en voie de prospérité ; mais les événements de 1814 et de

1815 vinrent brusquement changer leur situation.

Quarante-un départements français furent retranchés de notre territoire, et la plupart de leurs fonctionnaires, mis en disponibilité, obtinrent des pensions sur les caisses de retenues.

Un premier déficit se manifesta en 1816 : on s'adressa aux Chambres pour le couvrir.

On ne pouvait pas admettre, en effet, que les hommes qui n'avaient pas été appelés à l'administration de leurs propres deniers fussent responsables du déficit qui se trouvait dans leur caisse, et il était du devoir du gouvernement et des Chambres de ne pas les abandonner, et de leur donner les moyens de subvenir aux besoins de leur vieillesse. Le crédit fut accordé; mais pour assurer une comptabilité régulière, on chargea la caisse des dépôts et consignations de recevoir les fonds de retraite [1], et l'administration lui en fut confiée par une ordonnance du roi du 3 juillet 1816.

« Notre sollicitude pour les fonctionnaires et employés qui

---

[1] « La caisse d'amortissement ne pourra recevoir aucun dépôt ni « consignation de quelque espèce que ce soit. — Les dépôts, les con- « signations, les services relatifs.... aux fonds de retraite seront ad- « ministrés par un établissement spécial sous le nom de caisse des « dépôts et consignations » (l. du 28 avril 1816, art. 110).

A partir du 1er janvier 1854, la caisse des dépôts et consignations cessera d'être chargée du service des pensions imputées sur les caisses de retraite supprimées par l'art. 1er de la loi du 9 juin 1853. Le paiement de ces pensions sera fait par les payeurs du trésor (décret du 9 novembre 1853).

se consacrent à notre service nous a porté à rendre diverses
ordonnances dont l'objet a été d'assurer des fonds de retraite
dans diverses administrations. Nous n'avons pas été moins
jaloux de veiller à la conservation de sommes destinées à
l'acquit de cette dette sacrée, et, à cet effet, nous avons proposé et les Chambres ont adopté l'art. 110 de la loi du
28 avril 1816, qui charge la nouvelle caisse des dépôts et consignations de recevoir les fonds de retraite.

« A ces causes, sur la proposition de la commission de surveillance de la caisse des dépôts et consignations, et sur le
rapport de notre secrétaire d'Etat ministre des finances, nous
avons ordonné et ordonnons ce qui suit :

1° Toutes les sommes provenant de retenues qui sont ou
seront exercées en vertu de nos ordonnances, dans les ministères, administrations et établissements, sur les appointements, salaires et autres rétributions, seront versées à la
caisse des dépôts et consignations, conformément à l'art. 110
de la loi du 28 avril 1816; et les receveurs ou préposés desdites
administrations n'en seront libérés que par un récépissé du
caissier ou préposé de cette caisse.

2° Les sommes et valeurs provenant des retenues exercées
jusqu'à présent qui pourraient se trouver entre les mains des
chefs ou préposés desdites administrations et établissements
publics, ou en quelque autre que ce soit, seront versées immédiatement dans la susdite caisse.

3° Il sera ouvert à la caisse des dépôts et consignations un
compte courant avec chaque administration : à la fin de l'année, les sommes qui se trouveront rester au crédit de chaque
établissement après l'acquittement des retraites dont il est
chargé seront employées en achat d'inscriptions sur le grand-
livre, dont les arrérages seront perçus pour son compte et
accroîtront d'autant les fonds destinés aux pensions de retraite
à sa charge. »

La loi de finances du 25 mars 1817 ouvrit un crédit

extraordinaire de 1,066,500 fr. pour suppléer temporairement à l'insuffisance des fonds de retenue affectés aux pensions des ministères et administrations. Celle du 15 mai 1818 l'éleva à 1,958,500 fr., à la condition qu'il décroîtrait annuellement d'un vingtième, de sorte qu'après vingt ans il n'en fût plus rien payé ; et défendit en même temps d'augmenter de toute autre manière qu'en vertu d'une loi le produit des fonds de retenues des ministères ou administrations, par des prélèvements sur les fonds généraux, ou sur les produits de ces ministères et administrations, de quelque nature qu'ils fussent. Néanmoins, sur les fonds attribués au service ordinaire des affaire étrangères, il fut permis d'employer jusqu'à concurrence de 200,000 fr. en traitements d'agents diplomatiques dont l'activité était temporairement suspendue.

Le but de ces dispositions était d'obliger le gouvernement à prendre des mesures d'ensemble pour empêcher le chiffre total des pensions de s'accroître : il s'élevait alors à près de 10 millions.

C'est pour se conformer à cette intention des Chambres que le conseil d'État fut appelé, en 1818, à élaborer un projet d'ordonnance générale sur le régime des pensions assises sur des fonds de retenues. M. Bricogne fut chargé du rapport. Les principales dispositions de ce projet d'ordonnance consistaient à statuer que désormais il faudrait réunir les conditions de soixante ans d'âge et trente ans de service, pour avoir droit à une pension; qu'à défaut de ces deux conditions, le droit ne serait ouvert qu'au profit des

agents mis hors d'état de continuer leur service pour
cause de blessures reçues dans l'exercice de leurs
fonctions ; que les pensions ne pourraient être de plus
des deux tiers du traitement, ni excéder 6,000 fr. ; que
les pensions nouvelles ne seraient admises au paiement que lorsque les caisses auraient des fonds suffisants pour les servir ; que les pensionnaires seraient
assujétis aux mêmes retenues que les employés en
activité ; qu'enfin le conseil d'État serait chargé du
contrôle des liquidations. Le projet consacrait en outre
quelques autres dispositions restrictives à l'égard des
veuves et des orphelins.

Aucune suite ne fut donnée à ce travail, nous ne
savons pour quel motif. De nouvelles allocations sup-
plétives furent demandées aux Chambres, et une partie plus forte du prélèvement sur les amendes, saisies
et confiscations en matière de douanes et de contributions indirectes leur fut abandonnée, sans pouvoir arrêter leur déficit. Celui de la caisse des douanes était
de 350,000 fr. en 1819 [1].

En 1825, M. de Villèle, alors ministre des finances,
afin de se dispenser de renouveler auprès des Chambres la demande de subventions pour les caisses des
employés de son département, réunit en une caisse
commune, sous la dénomination de *caisse générale des
pensions de retraite des fonctionnaires et employés des
finances*, les sept caisses spéciales établies pour subvenir au paiement des pensions de retraite des em-

---

[1] V. les ordonnances royales des 21 mai 1817 et 29 décembre 1819.

ployés de l'enregistrement et des domaines, des forêts, des douanes, des contributions indirectes, des postes, de la loterie et du ministère des finances.

Il changea les conditions d'admissibilité à la retraite et éleva le chiffre des retenues [1].

Organisée sur ces bases nouvelles, la caisse générale des pensions de retraite des fonctionnaires et employés des finances parvint à se suffire jusqu'en 1834 sans le secours de l'État. Mais à cette époque, le ministre des finances se trouva dans la nécessité de s'adresser aux Chambres pour obtenir un crédit de 1,950,000 francs destiné à solder le dernier trimestre de 1834 et assurer le premier de 1835 [2].

Les caisses de retraite des autres administrations ne s'étaient soutenues que par des subventions permanentes. De 2 millions, chiffre de 1818, la subvention s'élevait à près de 5 millions en 1830. L'augmentation et l'uniformité des prélèvements imposés aux caisses des administrations financières par l'ordonnance du 12 janvier 1825 leur furent rendues communes [3]. Partout alors on préleva sur le traitement de chaque fonctionnaire une retenue annuelle de

[1] V. l'ordonnance royale du 12 janvier 1825.

[2] *Moniteur*, 7 janvier 1835, p. 52.

[3] Prisons, ord. 8-23 septembre 1831. — Intérieur, ord. 27 avril et 19 mai 1832. — Commerce, trav. publ., ord. 30 avril et 19 mai 1832. — Haras, ord. 27 mai et 13 juin 1832. — Guerre, ord. 26 mai et 1er juillet 1832. — Mines, Ponts-et-chaus., ord. 25 février et 22 mars 1833.

cinq pour cent pendant toute la durée des fonctions, le premier mois de son traitement et le douzième des augmentations. Mais le remède était insuffisant; chaque année voyait diminuer les ressources de ces caisses. On eut encore recours aux subventions annuelles, aux crédits supplémentaires, qui s'accrurent rapidement de 5 à 8 millions.

Un pareil état de choses ne pouvait durer. Il causait aux fonctionnaires une anxiété pénible sur leur avenir, et faisait naître dans les Chambres, gardiennes des deniers des contribuables, des craintes sérieuses sur l'étendue des sacrifices de l'État pour la rémunération des services rendus.

Les Chambres demandèrent qu'une loi statuât définitivement sur la situation des caisses de retraite et, tout en réglant le passé, fixât le terme des sacrifices qu'elles exigeaient.

Peu de questions furent aussi sérieusement étudiées. Chaque session amenait un projet nouveau, une combinaison nouvelle; chaque ministre des finances fournit le sien [1]; toutes les commissions du budget les examinèrent avec une sollicitude très louable, de sa-

---

[1] 1832, Rapp. de M. Lepelletier d'Aulnay.
1834, Projet Humann-Gonin.
1837, — Duchâtel.
1838, — Lacave-Laplagne.
1840, — Passy.
1841, — Humann.
1843, — Lacave-Laplagne.
1845, — Reprise et rejet du projet de 1843.

2

vants rapporteurs les exposèrent devant les Chambres, et cependant parmi les systèmes divers qui se produisirent, aucun ne parut pouvoir atteindre le but qu'on avait en vue.

La question offrait des complications et des difficultés nombreuses, sur lesquelles les meilleurs esprits se trouvèrent divisés. On tombait généralement d'accord sur ce point, que la liquidation du passé devait rester à la charge de l'État ; mais il fallait trouver pour l'avenir une combinaison nouvelle ; car l'insuffisance toujours croissante des caisses de retraite prouvait à tous qu'elles avaient fait leur temps, et qu'elles étaient impuissantes à assurer l'avenir des fonctionnaires.

Deux projets furent constamment en présence, et les Chambres, hésitant entre les intérêts des fonctionnaires et ceux du trésor, n'osèrent pas trancher la question.

Le premier appartient à M. Gouin. Par une combinaison nouvelle de la caisse d'épargne et de la tontine, il libérait le trésor de la manière la plus absolue de toute subvention nouvelle au-dessus de 2 millions ; mais il s'éloignait tout-à-fait des principes de la loi de 1790.

L'autre, celui de M. Humann, en faisait au contraire une sage application.

« Ce que je voudrais, disait M. Gouin, ce serait un système qui rendrait le sort des fonctionnaires indépendant les uns des autres ; je voudrais que la caisse de rémunération contînt des ressources constamment égales aux charges qui lui seraient imposées ; je voudrais que les retenues imposées aux employés, n'étant plus placées aux tontines, fussent remises à eux et à leurs familles à toute époque de leur sortie ; je voudrais que la fraction rémunérative fournie par le trésor après trente ans de services vînt s'ajouter à ces mêmes économies, de manière à produire par la réunion des ressources de ces deux origines différentes la pension due aux services de l'employé.

« Ce résultat serait obtenu par la création de deux caisses distinctes : l'une à titre de caisse d'épargne, où serait versé le montant de la retenue de cinq pour cent, et l'autre dite de rémunération, où le trésor verserait annuellement le produit des amendes, saisies, etc., et une subvention qui équivaudrait au plus à 2 ou 3 millions, de manière à constituer une somme annuelle équivalente à la retenue de cinq pour cent. Cette combinaison représenterait ainsi une annuité de dix pour cent de chaque traitement d'activité, dont l'accumulation à intérêt composé pendant toute la durée des services suffirait aux exigences d'une juste rémunération. »

Ce projet ralliait ceux qui voulaient libérer le trésor de la manière la plus absolue de toutes chances de subventions nouvelles autres que celles qui seraient nécessaires pour son exécution.

L'État ne récompensait plus les services, il ne faisait que restituer les dépôts.

Cependant le projet de M. Gouin fut toujours l'objet d'un examen spécial dans toutes les commissions ; et c'était en effet ce qu'il y avait de mieux à faire, et de plus sage pour ceux qui ne voulaient reconnaître aux fonctionnaires aucun recours sur l'État pour le paiement de leurs pensions, et à l'État aucune obligation morale de garantir leurs vieux jours des atteintes du besoin.

Il attira beaucoup l'attention des Chambres, et fut la cause principale de l'avortement des différents projets; mais il cachait de nombreux et de graves inconvéniets qui empêchèrent son adoption.

Les comptes individuels laissant croire à l'employé qu'il était propriétaire de sa part du fonds commun à toute époque de sa carrière, sa destitution pouvait avoir à ses yeux le caractère d'une spoliation; et cette opinion était évidemment contraire à toutes les règles de la subordination.

En isolant complétement le fonctionnaire de l'État, on l'empêchait d'avoir pour lui de la reconnaissance; et par là se trouvait rompu le nerf de l'administration, le lien le plus puissant de sa vaste hiérarchie, qu'il est indispensable de conserver fort et durable.

D'autre part, le système de M. Gouin ne garantissait pas suffisamment le sort futur des fonctionnaires, parce que l'incertitude du produit des comptes individuels les faisait retomber dans les inconvénients des caisses de retraite dont il fallait sortir [1].

Cette dernière considération devint encore plus

---

[1] VIVIEN, *Études administratives*, t. I, p. 301.

Ce sont ces considérations qui ont décidé le législateur à substituer par la loi du 15 mars 1850 une caisse de retraite à la caisse d'épar-

puissante lorsqu'il fut démontré, par des calculs incontestables, que des caisses organisées en tontines et alimentées par des retenues de cinq pour cent sur les traitements annuels, en y ajoutant même celles des deux premiers mois de traitement et d'augmentation, ne pouvaient produire après trente années que des pensions fort inférieures à celles qui devaient constituer la rémunération des services passés [1].

Les retenues atteignaient en outre le maximum des sacrifices qu'il était possible de demander aux fonctionnaires. On arrivait forcément à cette conclusion que l'on ne pouvait constituer de nouvelles caisses sans

gne que la loi du 28 juin 1833 avait établie en faveur des instituteurs primaires.

[1] En 1840, une commission de la Chambre des députés ayant pour rapporteur M. Matthieu, si versé dans les calculs de probabilités et si habitué à étudier les chances de mortalité, s'est occupée de cette question. M. Matthieu entreprit de dresser les conditions d'après lesquelles une caisse de retraite devait être constituée, et il arriva à ce résultat que pour qu'une caisse pût se suffire il fallait retenir non pas 5, mais 7 0/0 et, en outre, les deux premiers mois du traitement. Cela, d'ailleurs, ne suffirait pas : une autre condition serait indispensable et elle est inhérente à toute association tontinière. Une telle association ne peut se fonder d'une manière solide qu'à la condition de ne donner des pensions qu'au bout de trente années. Il faut que, pendant trente ans, l'association ne serve pas une seule pension, qu'elle encaisse le produit annuel des retenues pour se faire un capital de réserve qui vienne s'ajouter à la dotation pour le jour où le service des pensions devra commencer. (VUITRY, Corps législatif, 12 mai 1853, p. 247. — V. le *Moniteur* du 20 juin 1840, rapport de M. Matthieu, p. 1500).

2.

leur allouer une subvention annuelle. Or, nous avons vu que ces subventions annuelles, dont on ne pouvait à l'avance déterminer le chiffre d'une manière invariable, maintenaient l'État dans une situation précaire, et les caisses dans une position équivoque. Les demandes de crédits supplémentaires ressemblaient toujours à une aumône, et leur concession à une libéralité. Mieux valait alors accepter franchement la rémunération des services passés comme une dette de l'État, une obligation morale, fondée, comme disait, en 1818, le rapporteur du conseil d'État M. Bricogne, sur les préceptes éternels de l'équité, de l'humanité et sur une antique possession.

C'était le projet de M. Humann.

On peut le résumer ainsi :

Pour le passé, — inscription au grand-livre des pensions liquidées à la charge des caisses de retraite ; suppression des caisses et, par une juste mais faible compensation ; attribution au trésor du reliquat de leur actif.

Pour l'avenir, — inscription au trésor des pensions qui seront liquidées, et réunion au budget du produit des retenues et des autres prélèvements dont profitent les caisses supprimées ; modification des conditions d'admissibilité à la retraite et des bases de la liquidation ; examen préalable des liquidations par un comité spécial et unique du conseil d'État ; insertion au *Bulletin des lois* des ordonnances de concession ; enfin et comme dernière garantie, fixation des limites du crédit des inscriptions de pensions à opérer annuellement, ainsi que du maximum de la somme à affecter au paiement des pensions civiles de toute nature.

Ce projet laissait en dehors de la règle commune et soumettait à des règles spéciales les magistrats de l'ordre judiciaire et de la cour des comptes, les agents politiques et consulaires, les membres des corps enseignant, les ingénieurs des ponts-et-chaussées, des mines, et les employés de la navigation.

M. Lacave-Laplagne le reprit en 1843[1]; mais la discussion n'eut lieu qu'en 1845, et cette nouvelle tentative fut encore sans résultat[2].

La situation des caisses de retraite était si alarmante en 1848, qu'elle ne pouvait manquer d'attirer l'attention du gouvernement provisoire. Par un décret du 15 mars 1848, il interdit de cumuler une pension avec un traitement d'activité, en tant que l'un et l'autre dépasseraient la somme de 700 fr., et seraient payés sur les fonds de l'État, des communes ou des caisses de retraite[3].

Le 2 mai suivant, les pensions des fonctionnaires réformés par suite de la réorganisation des services publics furent mises à la charge de l'État[4]; elles avaient été imposées jusque-là à la caisse des retraites.

Ces pensions et indemnités aux employés réformés

[1] *Moniteur* du 6 février 1843.

[2] *Moniteur* du 4 mars 1845.

[3] *Bulletin des lois*, 1848, n° 109.

[4] *Bulletin des lois*, 1848, n° 322.

des divers ministères figuraient au budget de 1850 pour 837,000 fr, et à celui de 1852 pour 714,000 fr.

Cependant les caisses de retraite vivaient toujours de subventions : en 1850 elles figuraient sur les budgets des différents ministères pour la somme de 14,119,490 fr. [1]

Par la loi des finances du 15 mai 1850, art. 15, l'Assemblée législative exigea qu'une loi générale sur les pensions civiles qui devaient être inscrites au trésor, ou mises à la charge des caisses de retraite subventionnées par l'État, lui fût présentée [2].

C'était pour répondre à ce vœu que, dans la séance du 7 août 1851, M. Achille Fould, ministre des finances, présentait une loi sur les pensions civiles[3]. Les événements de décembre la laissèrent à l'état de projet.

Repris en 1852, ce projet est devenu la loi de 1853, qui soumet à l'empire des mêmes règles toutes les pensions civiles indistinctement [4].

IV.

Le droit à la pension est enfin reconnu pour tous les

[1] Budget de 1850. — *Passim*.

[2] *Bulletin des Lois,* 1850, n° 259.

[3] *Moniteur* du 24 août 1851, p. 2443. — Exposé des motifs.

[4] Présentation, 15 février 1853. — Rapport de M. Gouin, 4 mai. — Discussion, 10, 11, 12, 13, 14 mai. — Adoption, 16 mai, 154 voix contre 76. — V. *le Moniteur* de 1853 (XI *Bull.* LIV, n° 488).

fonctionnaires et employés directement rétribués par l'État, et ne constitue plus un privilége au profit de certaines catégories [1] : anomalie choquante de laquelle il résultait, par exemple, que la pension était accordée au receveur des contributions indirectes et déniée au receveur des contributions directes.

Le paiement en est désormais assuré par l'inscription au grand-livre de la dette publique. Un débiteur toujours solvable prend la place de caisses trop souvent en déficit ; les fonctionnaires se trouvent ainsi à l'abri de toutes fâcheuses éventualités, de toute incertitude.

Cette amélioration, cette garantie salutaires, sont apportées à leur avenir sans compromettre les intérêts du trésor. Les résultats financiers de la loi se résument dans les chiffres suivants. Aujourd'hui le service des pensions civiles se fait au moyen de 8 millions provenant des retenues et de 15 millions accordés à titre de subvention ; c'est-à-dire que l'État paie annuellement pour ce service 23 millions. En janvier 1854 l'État continuera de payer 23 millions ; mais ce chiffre se décomposera ainsi :

Produit des retenues (augmenté à raison du nombre

---

[1] Les fonctionnaires et employés directement rétribués par l'État et compris dans la nouvelle loi sont au nombre de 158,227, et reçoivent annuellement 179,699,343 fr. — 77,474 étaient tributaires des caisses de retraite supprimées et touchaient environ 121,638,410 fr. de traitement. V. pour plus de détails le commentaire de l'art. 3 de la loi de 1853.

plus grand de fonctionnaires) à. . 11,224,500 fr.
Subvention . . . . 11,714,500 fr.

22,969,000 fr.

Soit 23 millions [1]. L'économie pour l'État sera donc de 3,300,000 fr. Au bout de trente ans à partir de la promulgation de la loi, la dépense s'élèvera de 23 millions à 29 ; différence en plus : 6 millions, au paiement desquels il sera pourvu pour moitié au moyen de l'économie de plus de 3 millions qui vient d'être signalée ; la dépense sera donc accrue en réalité de 3 millions. Ainsi 3 millions de plus dans l'avenir, 3 millions de moins dans le présent, voilà le résultat financier de la loi [2].

Mais ce n'est pas en un jour et à la fois que devront être payées les pensions qui grèveront le trésor de ce

---

[1] Dans tous les pays dont les usages administratifs ont pu être constatés, on retrouve ce concours des intéressés et de l'État. En Angleterre, les pensions de retraite sont payées, moitié sur les fonds votés par le parlement, moitié sur les fonds de retenues, dont l'institution ne remonte qu'à quelques années. Un mode semblable a été adopté par la Prusse, par l'Autriche : on le retrouve en Bavière, en Saxe, en Wurtemberg, en Hollande, et partiellement en Belgique. Dans tous ces pays les employés sont soumis à des retenues ; mais ces retenues ne sont point versées dans des caisses spéciales, elles se confondent dans les recettes du trésor, qui prend directement les pensions à sa charge. Il est constaté que ce régime mixte, ce concours de l'État avec ses serviteurs pour supporter à frais communs les charges de la rémunération dont il est envers eux le bienveillant dispensateur, produit partout les meilleurs effets.

[2] STOURM, Corps législatif, séance du 11 mai 1853, p. 237.
FOULD, *Moniteur* du 24 août 1851.

nouveau chiffre. Elles se présenteront successivement et d'année en année. L'accroissement de charges qui en résultera sera chaque année de 216,000 francs. Ainsi en 1855, au lieu de 23 millions, on devra payer 23,216,000 fr.; en 1856, 23,432,000 fr., et ainsi de suite. Ce sacrifice ne se trouve-t-il pas largement compensé par les bienfaits d'une législation qui assure le sort de 158,000 fonctionnaires! Il peut diminuer, l'État peut même en être entièrement affranchi par les avantages qu'offre le jeu d'une combinaison tontinière embrassant tous les employés, agissant sur la généralité des pensions; car ce n'est qu'au moyen de la réunion des grands nombres que le principe tontinier donne des résultats à peu près constants et susceptibles d'être prévus avec quelque certitude. Plus les associés sont nombreux, plus on aura de chances de compensation pour les variations accidentelles, plus la tontine sera forte pour résister aux événements fortuits qui pourraient se manifester dans telle ou telle branche de service.

Qu'on ajoute à ces espérances réalisables les garanties données au trésor contre un accroissement indéfini, qui consistent : dans les conditions d'ancienneté, dont l'effet sera de retarder l'époque de l'admission à la retraite, et d'abréger la durée du service de la pension; dans le choix des autorités chargées de préparer les éléments de la liquidation; dans la publicité qui y présidera; dans l'obligation de fournir un compte-rendu annuel au Corps législatif; et on sera obligé de convenir que le législateur de 1853[1] a su mieux concilier concilier les intérêts du Trésor et ceux des fonctionnaire que n'aurait pu le faire la *caisse spéciale* des pensions proposée par la commission.

Sans doute la loi n'est pas parfaite ; bon nombre de ses dispositions, ce nous semble, pourraient faire l'objet d'une juste critique ; mais attendons les résultats : s'il y a des améliorations à introduire, le temps en sera le meilleur juge. Félicitons le gouvernement d'avoir ramené à l'unité cette législation incohérente et confuse, et d'avoir donné satisfaction aux vœux qui se sont tant de fois manifestés en faveur de cette réforme. En assurant ainsi le passé, en imposant à l'avenir des règles conservatrices que demandaient le bon ordre des finances et l'unité administrative, il a resserré entre l'État et les hommes qui lui consacrent leur existence des liens qu'il est indispensable de conserver forts et durables.

Tous les fonctionnaires doivent à ce bienfait de la loi la sécurité si importante à l'accomplissement de leurs devoirs ; et ceux qui seront appelés à leur succéder puiseront une égale confiance dans les institutions

---

[1] « Si le gouvernement insiste pour son projet, c'est qu'il y a apporté de son côté le plus mûr examen ; ses membres ont tous concouru à le préparer, toutes les lumières ont été réunies ; le gouvernement tout entier, en un mot, même dans sa plus haute expression, a pris part à cette longue étude, tant il avait le désir de faire une bonne loi » (BAROCHE, prés. du c. d'Ét., commiss. du gouv.; Corps législatif, séance du 13 mai 1853).

tutélaires qui garantiront leurs vieux jours des atteintes du besoin. Sûrs de leur avenir, certains qu'à la fin de leur vie ils trouveront le repos et l'aisance achetés par de longs travaux, ils s'attacheront de plus en plus aux carrières qu'ils auront embrassées, et l'État trouvera dans leur dévoûment, comme dans leurs lumières, de nouveaux gages de l'amélioration des services dont il ne peut se passer.

LOI SUR LES PENSIONS CIVILES

Du 9 juin 1853, promulguée le 13 juin 1853.

(B. 54, nº 488.)

TITRE PREMIER.

LIQUIDATION DES CAISSES DE RETRAITE SUPPRIMÉES.

ARTICLE 1ᵉʳ — Les caisses de retraite désignées au tableau nº 1 seront supprimées à partir du 1ᵉʳ janvier 1854 [1]. Leur actif sera acquis à l'État [2].

[1] Les caisses de retraite des *Employés du Sénat*, *du Corps législatif,* de l'*Imprimerie impériale* et des *Invalides de la marine* continueront à être régies par leurs règlements spéciaux.

Les *Instituteurs communaux*, dont le droit à la pension est reconnu par la loi nouvelle, n'auront plus de caisse spéciale ; le droit à la liquidation de leur pension de retraite ne courra qu'à partir de la promulgation de la loi. La pension sera proportionnelle aux retenues que les instituteurs auront subies depuis cette époque. Le capital de leur caisse, fondée en 1833, s'élève aujourd'hui à 7,400,000 fr. : il leur sera remboursé, parce que cette caisse n'était pas une *caisse*

[2] Les arrérages des rentes 4 1 2 0 0 transmises par les caisses supprimées s'élèvent à 171,000 fr. — V. les art. 1 et 2 du décret du 9 novembre 1853.

ART. 2. Seront inscrites au grand-livre de la dette publique, à partir de la même époque :

1° Les pensions existantes ou en cours de liquidation à la charge des caisses supprimées pour services terminés avant le 1er janvier 1854 [1];

2° Les pensions et indemnités accordées pour cause de réforme, en vertu de l'art. 4 de la loi du 1er mai 1822 et du décret du 2 mai 1848 [2];

---

de retenue, mais une *caisse d'épargne* constitutive du capital, dans laquelle ils versaient leurs épargnes. C'est une propriété privée : on ne pouvait la supprimer qu'en restituant aux instituteurs ou à leurs familles ce qu'ils avaient versé (STOURM, conseiller d'État, commissaire du gouvernement; GOUIN, rapporteur : discussion de la loi de 1853).

[1] Le chiffre de ces pensions en cours de liquidation sera de 22,969,000 fr. au 1er janvier 1854. — V. l'art. 3 du décret du 9 novembre 1853.

[2] *Loi du 1er mai 1822, art. 4.* « Lorsque par des réformes d'employés inutiles des économies auront été obtenues sur les frais d'administration centrale des ministères, il pourra être accordé, sur les fonds provenant de la moitié de ces économies, aux employés réformés des indemnités temporaires, proportionnées à leurs services, et qui ne devront jamais excéder le maximum de la pension de retraite affectée à chaque emploi. Le tableau de ces indemnités temporaires sera distribué chaque année aux chambres. »

Décret du 2 mai 1848 :

« Le gouvernement provisoire,

« Considérant que la réorganisation générale des services publics doit entraîner de nombreuses réformes et suppressions d'emplois;

« Qu'en réalisant des économies importantes dans l'intérêt des contribuables, l'État ne doit pas méconnaitre les services rendus;

3° Les pensions et secours annuels qui seront concédés à titre de reversibilité aux veuves et aux orphe-

« Qu'il ne serait pas juste d'exiger des fonctionnaires et employés
remplacés en ce moment les conditions rigoureuses du droit à la retraite, lorsqu'on leur enlève la faculté de les accomplir ;

« Que le succès même de la réorganisation exige qu'une disposition
exceptionnelle permette de concilier l'humanité et l'économie, afin
que l'administration ne soit pas entravée dans l'exercice de mesures
réclamées par les nécessités publiques ;

« Que les caisses de retraite, d'après le principe de leur institution,
ne sont appelées à servir que les pensions acquises dans les conditions
ordinaires, c'est-à-dire par la durée des services, l'invalidité naturelle
ou le grand âge des employés, ma's que ces établissements peuvent
être d'autant moins tenus à supporter la charge des pensions qui sont
la conséquence d'une réorganisation générale, que de semblables mesures
en augmentant les pensions, ont en même temps pour effet de diminuer le produit des retenues, par la réduction même des traitements ;

« Que dans une telle situation, il est équitable que l'État affecte
temporairement au service des pensions exceptionnellement acquises
aux employés réformés une partie des économies réalisées,

« Décrète ce qui suit :

« 1° Les fonctionnaires et employés qui du 25 février au 2 juillet de
la présente année auront été réformés pour cause de suppression
d'emploi, de réorganisation ou pour toute autre mesure administrative
qui n'aurait pas le caractère de révocation ou de destitution, pourront
obtenir pension, s'ils réunissent vingt ans de services dont quinze ans
au moins entièrement accomplis dans la partie active, ou vingt-cinq
ans indistinctement accomplis dans la partie active ou sédentaire.

« Cette pension sera calculée pour chaque année de service civil a
raison d'un soixantième du traitement moyen des quatre dernières
années d'exercice. En aucun cas, elle ne devra excéder le maximum
de la pension de retraite affectée à chaque emploi.

« 2° Ceux des fonctionnaires et employés réformés qui ne compteront pas la durée de services exigée par l'article précédent, obtien-

lins des pensionnaires inscrits en vertu des deux paragraphes qui précèdent.

TITRE II.

CONDITIONS DU DROIT A PENSION POUR LES FONCTIONNAIRES QUI ENTRERONT EN EXERCICE A PARTIR DU 1ᵉʳ JANVIER 1854.

ART. 3. — Les fonctionnaires et employés, directe-

dront une indemnité temporaire, réglée dans les proportions fixées par ledit article, et dont la jouissance sera limitée à un temps égal à celui de la durée de leurs services dans le ministère ou l'administration où se terminera leur activité.

« 3º Les pensions concédées en vertu de l'art. 1ᵉʳ ci-dessus seront éventuellement reversibles sur la tête des veuves et des enfants des titulaires aux conditions du règlement général du 12 janvier 1825.

« 4º *Mesures transitoires.* — La moitié des économies obtenues par suite de réorganisation ou de suppression d'emploi pourra être spécialement affectée au service des pensions et indemnités concédées en vertu du présent décret. »

Il pourra être accordé des pensions et des indemnités temporaires aux membres non replacés de l'ancien conseil d'État ; les pensions après vingt ans de services, les indemnités temporaires pour les services qui n'atteindront pas vingt ans et pour un temps égal à la durée de ces services, seront liquidées d'après les dispositions du décret du 2 mai 1848 et concédées seulement dans le cas d'insuffisance de fortune (*Décret des 25-30 mars 1852*).

ment rétribués par l'État [1], et nommés à partir du 1er janvier 1854, ont droit à pension, conformément aux dispositions de la présente loi, et supportent in-

[1] La généralité du droit à pension est de cette manière renfermée dans des bornes précises; la charge imposée à l'État est définie et limitée. Le droit à pension n'appartient qu'aux fonctionnaires qui reçoivent leur institution de l'État et sont payés par lui. Cette règle ne reçoit qu'une seule exception à l'égard de quelques fonctionnaires qui, quoique institués par l'État ou par ses délégués, reçoivent un traitement payé en tout ou en partie sur les fonds départementaux ou communaux, ou même sur des fonds particuliers. La raison de l'exception c'est que les fonctionnaires dont il s'agit conservent leur titre, qu'ils restent inscrits dans le cadre d'avancement hiérarchique, qu'ils continuent à être soumis à l'autorité du ministre compétent qui peut les rappeler, et même les révoquer suivant les circonstances. Il faut ajouter que la faveur qui leur est faite n'est pas gratuite, car si aux termes de l'art. 6 leur pension ne doit être liquidée qu'en prenant pour base le traitement de leur grade, aux termes de l'art. 4, ils supportent la retenue sur les différentes rétributions qu'ils reçoivent en dehors de leur administration. Cette disposition est juste : lorsqu'on autorise un fonctionnaire public à accepter une position plus lucrative que celle que lui fournit le service auquel il est attaché, et que malgré cela, on lui conserve son droit à l'avancement et son droit à pension, il est convenable que toutes les rétributions qu'il reçoit soient considérées comme un traitement soumis à retenue.

Le nombre actuel des tributaires des caisses de retraite supprimées est de   77,474.

Celui des fonctionnaires nouveaux appelés à verser des retenues et à jouir du droit à pension est de 80,753, parmi lesquels nous citerons :

43,000   instituteurs primaires auxquels la loi du 15 mai 1850, art. 39, avait formellement promis qu'une caisse de retraite serait créée à leur profit ;

distinctement, sans pouvoir les répéter dans aucun cas, les retenues ci-après [1] :

1° Une retenue de cinq pour cent sur les sommes payées à titre de traitement fixe ou éventuel, de pré-

43,000		77,474
8,000	comptables de finances, receveurs généraux, receveurs particuliers, percepteurs ;	
14,000	facteurs ruraux ;	
15,753	fonctionnaires qui avaient droit à une pension à titre gratuit, loi de 1790, ou qui y sont appelés par la loi nouvelle et pris dans différentes administrations.	
80,753	ci.	80,753

Total des fonctionnaires ayant droit à pension.   .   158,227

(Extrait de l'*Exposé des motifs.*)

[1] Ce paragraphe a été devant le Corps législatif l'objet d'une longue et vive discussion. La commission par l'organe de M. Gouin, son rapporteur, en demandait le rejet, parce que ces termes : *fonctionnaires directement rétribués par l'État*, lui paraissaient trop larges, et pouvaient, dans l'avenir, faire naître des embarras.

Le conseil d'État n'y a pas adhéré, mais pour donner satisfaction à la commission, il proposait une disposition ainsi conçue : « Un règle-« ment d'administration publique déterminera les services auxquels « s'appliqueront les dispositions de la présente loi. » La commission ne s'en est pas contentée, et le paragraphe a été adopté. — Néanmoins, ce tableau des fonctionnaires dont la commission demandait l'adjonction à la loi sous forme de tableau annexe doit exister, puisque le gouvernement a parlé de 158,227 fonctionnaires ou employés ayant un traitement de 179,699,343 fr. Mais la mobilité du cadre administratif s'opposait à son insertion dans une loi : il y aurait eu là une gêne intolérable et un obstacle à la liberté légitime des administrations.

L'art. 22 de la loi de finances de 1849 exigeait du gouvernement

ciput, de supplément de traitement, de remises pro-
portionnelles, de salaires, ou constituant, à tout autre
titre, un émolument personnel [1];

2º Une retenue du douzième des mêmes rétributions, lors de la première nomination, ou dans le cas
de réintégration, et du douzième de toute augmentation ultérieure [2];

la publication d'un état détaillé de tous les emplois rétribués par l'État,
les départements et les communes. Cette prescription n'a pas reçu
d'exécution. Le gouvernement a demandé à en être affranchi par le
motif que la publication ordonnée n'exigerait pas moins de 50 volumes
in-4o de 600 pages et entraînerait en frais de personnel et de matériel
une dépense de plus de 50,000 fr., et l'article de la loi de 1849 a
été rapporté.

Les ministres des cultes ne sont pas compris dans les termes de la
loi. La Cour de cassation a décidé que la qualité de fonctionnaire n'appartient pas aux ministres des cultes. Ils ne reçoivent pas l'investiture
de l'État seul ; beaucoup d'entre eux la reçoivent même sans que
l'État y concoure à aucun degré, tels sont les succursalistes et les
desservants. Il n'y a qu'un nombre assez restreint de curés qui sont
nommés par le concours de l'autorité ecclésiastique et de l'autorité
civile. D'ailleurs, il existe dans presque tous les diocèses des caisses
organisées par de respectables prélats, caisses qui fournissent des
secours aux prêtres infirmes. En 1848, le comité des cultes institué
dans le sein de l'Assemblée constituante reçut communication d'une
lettre d'un prélat qui déclarait que, dans son diocèse, il n'y avait pas
un ecclésiastique infirme qui ne reçût une pension de 600 fr. — Un
décret en date du 28 juin 1853 a organisé pour les ecclésiastiques
une caisse de pensions. V. plus loin *pensions ecclésiastiques.*

[1] V. les art. 5, 6, 18, 19, 20, 21, 22, 23 et 25 du décret du
9 novembre 1853.

[2] V. l'art. 23 du décret du 9 novembre 1853.

3° Les retenues pour cause de congés et d'absences, ou par mesures disciplinaires [1].

Sont affranchies de ces retenues les commissions allouées en compte courant par le Trésor aux receveurs généraux des finances. Ces comptables, les receveurs particuliers et les percepteurs des contributions directes, ainsi que les agents ressortissant au ministère des finances qui sont rétribués par des salaires ou remises variables, supportent ces retenues sur les trois quarts seulement de leurs émoluments de toute nature, le dernier quart étant considéré comme indemnité de loyer et de frais de bureau.

Art. 4. — Les fonctionnaires de l'enseignement rétribués en tout ou en partie sur les fonds départementaux et communaux, ou sur le prix des pensions payées par les élèves des lycées nationaux, ont droit à pension, conformément aux dispositions de la présente loi, et supportent sur leur traitement et leurs différentes rétributions la retenue déterminée par l'art. 3 [2].

La même disposition est applicable aux fonctionnaires et employés attachés à l'administration de la

---

[1] V. les art. 16 et 17 du décret du 9 novembre 1853.

En Angleterre, les traitements inférieurs à 2,500 fr. sont affranchis de la retenue. Ceux de 2,500 à 5,000 subissent une retenue de 2 1/2 0/0, et ceux de 5,000 fr. et au-dessus une retenue de 5 0/0.

[2] V. les art 7, 8, 9, 10 et 26 *in fine* du décret du 9 novembre 1853.

dotation de la couronne et rétribués sur les fonds de la liste civile [1].

Il en est de même des fonctionnaires et employés qui, sans cesser d'appartenir au cadre permanent d'une administration publique, et en conservant leurs droits à l'avancement hiérarchique, sont rétribués en tout ou en partie sur les fonds départementaux ou communaux, sur les fonds des compagnies concessionnaires et même sur les remises et salaires payés par les particuliers [2].

Art. 5. — Le droit à la pension de retraite est acquis par ancienneté à soixante ans d'âge et après trente ans accomplis de services [3].

---

[1] La plupart de ces fonctionnaires étaient déjà au service de l'État et avaient subi des retenues sur leurs traitements ; il était juste de ne pas les priver des droits déjà acquis pour leurs services antérieurs. Les traitements qu'ils recevront de la liste civile seront soumis à la même retenue que ceux payés directement par l'État (GOUIN, *Rapp. au Corps législatif*). V. l'art. 6 du décret du 9 novembre 1853, et les décrets du 23 novembre et 31 décembre 1852.

[2] V. l'art. 13 du décret du 9 novembre 1853.

[3] La réunion de ces deux conditions est indispensable pour avoir droit à la pension, sauf les dérogations qui vont suivre dans le même article.

V. cependant les art. 19 et 27. L'art. 5 ouvre moins un droit qu'une aptitude à obtenir la pension.

En Angleterre le droit à la pension n'est acquis qu'après soixante-cinq ans d'âge et dix ans de services. En Prusse il faut avoir, sans condition d'âge, au moins quinze ans de services, sauf les exceptions que le roi trouve bon de faire. Mais dans l'un et l'autre pays, ces conditions ne

Il suffit de cinquante cinq ans d'âge et de vingt-cinq ans de services pour les fonctionnaires qui ont passé quinze ans dans la partie active. La partie active comprend les emplois et grades indiqués au tableau annexé à la présente loi sous le n° 2. Aucun autre emploi ne peut être compris au service actif ni assimilé à un emploi de ce service qu'en vertu d'une loi [1].

sont pas les seules. En Angleterre, chaque fois que les chefs ont à proposer quelqu'un pour la retraite, la demande est accompagnée d'un relevé indiquant la durée, le genre et le mérite des services, le nombre des jours de présence au bureau et celui des absences pour maladie pendant les dix dernières années. En Prusse, tous les chefs des principaux corps tiennent des listes dites de conduite sur tous les employés qui leur sont subordonnés ; sur ces listes il est non-seulement tenu note de la manière dont l'employé a rempli ses fonctions, mais encore de sa vie privée, de ses tendances, de ses opinions. L'une des conditions de la retraite est une conduite irréprochable.

[1] M. Monier de la Sizeraine demandait que les employés des bureaux de poste ambulants, qui font un service de jour et de nuit actif et dangereux depuis que les chemins de fer ont fait supprimer un grand nombre de malles-postes, fussent compris dans les dispositions de l'art. 5.; leur exclusion lui paraissait extraordinaire, injuste même.

M. Stourm, conseiller d'Etat, commissaire du gouvernement, fit observer que l'admission dans la catégorie du service actif avait été réclamée par un grand nombre d'employés, et que toutes ces demandes avaient dû être écartées. Le principe du service actif ne repose pas seulement sur la donnée d'une activité plus ou moins grande, mais sur celle d'un service de jour et de nuit qui expose à des fatigues, à des maladies, à des dangers même ceux qui en sont chargés. Les employés auxquels on vient de faire allusion ont sollicité depuis longtemps, mais toujours en vain, la faveur d'être compris dans le

Est dispensé de la condition d'âge établie aux deux premiers paragraphes du présent article, le titulaire qui est reconnu par le ministre hors d'état de continuer ses fonctions [1].

service actif; en effet, leur assimilation aux courriers manque d'exactitude, leur service est moins fatiguant, il a lieu dans l'intérieur d'un wagon et ne les expose à aucun péril. M le commissaire du gouvernement pense qu'il importe de conserver au service actif les conditions et les limites qui lui ont été judicieusement assignées. Étendre ces limites, ce serait aggraver d'une manière notable les charges du Trésor, puisque dans le service actif le droit à la pension s'ouvre à l'expiration de la vingt-cinquième année. Il faut maintenir ce que l'expérience a consacré.

V. l'art. 37 du décret du 9 novembre 1853.

[1] V. l'art. 30 du décret du 9 novembre 1853.

Malgré les termes de ce décret, nous pensons que les magistrats ne peuvent être mis à la retraite que dans les formes indiquées par la loi du 16 juin 1824, en raison de leur caractère d'inamovibilité.

V. le décret du 2 octobre 1807 et la loi du 16 juin 1824 rapportés plus loin et les notes.

En indiquant les conditions moyennant lesquelles s'acquiert le droit à la pension, l'art. 5 ne dit pas que la mise à la retraite soit obligatoire pour le fonctionnaire, si la législation spéciale qui régit ses fonctions l'autorise à les conserver. Les magistrats qui remplissent les conditions de l'art. 5 ne peuvent être mis à la retraite que sur leur demande, ou par application du décret du 1er mars 1852 sur la limite d'âge (DE PARIEU, *Corps législatif*, séance du 16 mai 1853, p. 344; ABBATUCCI, *Rapport sur le décret du 1er mars 1852*), ou conformément au décret de 1807 et à la loi de 1824 précités.

Les magistrats nommés avant le 1er janvier 1854 et mis à la retraite en vertu du décret sur la limite d'âge auront droit à la pension après quinze ans de services (art. 18, § 4, 1. 9 juin 1853).

Art. 6. — La pension est basée sur la moyenne des traitements et émoluments de toute nature soumis à retenues dont l'ayant-droit a joui pendant les six dernières années d'exercice [1].

Néanmoins, dans les cas prévus par l'art. 4, la moyenne ne pourra excéder celle des traitements et émoluments dont le fonctionnaire aurait joui s'il eût été rétribué directement par l'État.

Art. 7. — La pension est réglée pour chaque année de services civils à un soixantième du traitement moyen. Néanmoins, pour vingt-cinq ans de services entièrement rendus dans la partie active, elle est de la moitié du traitement moyen, avec accroissement pour chaque année de services en sus d'un cinquantième du traitement.

En aucun cas elle ne peut excéder ni les trois quarts du traitement moyen, ni les maximum détermi-

[1] La commission voulait qu'on prît pour base de la fixation de la pension la moyenne du traitement des dix dernières années ; quelques membres, l'honorable M. André en tête, demandaient que la moyenne de la totalité du traitement pendant toute la durée des fonctions servît de base à la liquidation, ce qui eût été plus juste et plus conforme à l'esprit de la loi de 1790. Mais le gouvernement, ayant à cœur d'assurer aux fonctionnaires retraités une existence ne contrastant pas d'une manière trop pénible avec la situation qu'ils occupaient dans les derniers temps de leur activité, a repoussé l'une et l'autre proposition. C'est aussi dans le même but qu'il a déclaré les pensions incessibles et insaisissables, afin que les anciens serviteurs de l'État conservassent dans tous les cas des ressources suffisantes pour vivre. (V. les. art. 26, 27, 28 du décret du 9 novembre 1853.)

nés au tableau annexé à la présente loi sous le n° 3.[1].

ART. 8. — Les services dans les armées de terre et de mer concourent avec les services civils pour établir le droit à la pension, et seront comptés pour leur durée effective, pouvu toutefois que la durée des services civils soit au moins de douze ans dans la partie sédentaire ou de dix ans dans la partie active.

Si les services militaires de terre ou de mer ont été déjà rémunérés par une pension, ils n'entrent pas dans le calcul de la liquidation. S'ils n'ont pas été rémunérés par une pension, la liquidation est opérée d'après le minimum attribué au grade par les tarifs annexés aux lois des 11 et 18 avril 1831 [2].

[1] En Angleterre, de 10 ans à 17 ans de services 3/12.

17	—	24	—	4/12.
24	—	31	—	5/12.
31	—	38	—	6/12.
38	—	45	—	7/12.
45 et au-dessus.	—		8/12.

du dernier traitement dont il a joui pendant trois années consécutives.

En Prusse de 15 ans à 20 ans de services 2/8.

20	—	30	—	3/8.
30	—	40	—	4/8.
40	—	50	—	5/8.
50	—	60	—	6/8.

du dernier traitement.

[2] Lorsqu'un militaire quitte le service sans pension de retraite, le temps qu'il a passé dans l'armée est perdu pour lui s'il rentre dans la vie privée; mais si, au contraire, il accepte un emploi administratif, alors on donne une valeur réelle a des années de services qui sans cela

Art. 9. — Les services des employés des préfectures et des sous-préfectures rétribués sur les fonds d'abonnement [1] sont réunis pour l'établissement du droit à pension et pour la liquidation aux services rémunérés, conformément aux dispositions de la présente loi, pourvu que la durée de ces derniers services soit au moins de douze ans dans la partie sédentaire, et de dix ans dans la partie active [2].

Art. 10. — Les services civils rendus hors d'Europe par les fonctionnaires et employés envoyés d'Europe

étaient nulles pour lui ; d'abord on lui en tient compte comme *durée*, pour compléter les trente années de services voulues pour la retraite, et dès lors il a droit à autant de soixantièmes de son traitement moyen qu'il a passé d'années dans l'administration civile, ce qu'il n'obtiendrait pas si on ne lui comptait pas ses années de service militaire, et de plus, ces années lui procurent un autre avantage : on les liquide aussi, non pas à raison d'un soixantième de son traitement administratif, mais sur le pied du grade qu'il avait au moment où il a quitté le service, grade qui à cette époque ne lui donnait aucun droit pour sa retraite. Il est difficile de ne pas reconnaître que la loi en agissant ainsi est large. Aller au-delà se justifie difficilement ; car rémunérer ces années comme services civils, c'est-à-dire à raison d'un soixantième du dernier traitement, ce serait donner plus que n'obtiendrait un militaire auquel de longs services auraient fait accorder la pension de son grade, pension bien inférieure à ce que serait le produit de ses années de service militaire multipliées par le soixantième de son dernier traitement administratif (*Rapport de la comm.*). — V. l'art. 36 du décret du 9 novembre 1853.

[1] V. l'art. 31 *in fine* du décret du 9 novembre 1853.

[2] Les pensions des employés des préfectures sont payées par une caisse spéciale formée du produit d'une retenue faite sur les deux tiers

par le gouvernement français sont comptés pour moitié en sus de leur durée effective, sans toutefois que

de l'abonnement des préfets destiné au paiement des traitements de
leurs employés. Leur liquidation se fait conformément au décret du
4 juillet 1806.

Les conditions pour être admis à la pension sont d'avoir soixante
ans d'âge et trente ans de services, dont dix au moins dans une préfecture, à moins d'infirmités constatées ou de réforme pour cause de
suppression d'emploi : dans ces deux cas la pension peut être accordée après dix ans de services dans une préfecture si l'employé a
quarante ans révolus. Les veuves ou orphelins ont droit à une pension
lorsque le mari ou le père se trouvait à l'époque de son décès avoir
une pension sur le fonds de retenue ou remplissant les conditions
exigées pour en obtenir une (*Extrait de la circ. du min. de l'int. aux
préfets*, 1er mai 1823, t. v, p. 153).

La commission avait été unanime pour le rejet de l'art. 9, qui viole
les principes de la loi. En effet, celle-ci n'accorde des pensions qu'aux
employés directement rétribués par l'État. Les employés des préfectures
et sous-préfectures sont les employés du département : c'est au département à s'occuper de leur avenir. M. le commissaire du gouvernement, tout en reconnaissant la justesse de ces observations, a cependant insisté pour l'adoption de l'article par cette considération
que l'État était intéressé dans la question : Il est essentiel, disait-il,
que des échanges puissent avoir lieu entre les bureaux ministériels et
ceux des préfectures. La chambre doit vouloir que les administrations
préfectorales puissent se recruter d'employés habiles, zélés, capables
de bien servir : il y va de la bonne gestion des intérêts départementaux. Mais pour cela il faut laisser entrevoir un horizon, un
avenir aux hommes qui acceptent ces modestes fonctions ; il faut leur
promettre de changer de situation et de passer au service direct de
l'État sans être condamnés à faire le sacrifice de leur passé. Alors les
administrations préfectorales deviendront pour le gouvernement une
précieuse pépinière (STOURM, *Séance du 16 mai* 1853).

Un avis du conseil d'État de 1812 approuvé par l'Empereur re-

cette bonification puisse réduire de plus d'un cinquième le temps de service effectif exigé pour constituer le droit à pension [1].

Le supplément accordé à titre de traitement colonial n'entre pas dans le calcul du traitement moyen [2].

Après quinze années de services rendus hors d'Europe, la pension peut être liquidée à cinquante-cinq ans d'âge [3].

poussait l'assimilation des employés de préfecture aux fonctionnaires de l'État, de telle sorte que lorsqu'un employé de préfecture était admis dans une administration ressortissant directement à l'État, ses services passés ne lui étaient pas comptés dans la liquidation de sa pension de retraite. Cette situation fut changée et réglée par plusieurs avis et décisions du conseil d'État, et notamment par un avis du 7 juin 1849, qui assimile les employés des préfectures et sous-préfectures aux fonctionnaires de l'État, et qui décide que le temps d'activité dans les administrations de préfecture doit être compté pour la liquidation des pensions régies par le décret du 4 juillet 1806. — La loi du 9 juin 1853 reproduit et sanctionne cette jurisprudence.

[1] Il faut vingt-quatre ans de services effectifs pour que les services civils rendus hors d'Europe soient comptés pour moitié en sus de leur durée effective.

La loi de 1790 comptait aussi pour deux années chaque année de service rendu hors d'Europe, mais seulement lorsque les trente années de services effectifs étaient complètes. Il en est encore de même aujourd'hui pour les pensions de l'armée de terre (l. 11-14 avril 1831).

La loi du 9 juin 1853 introduit donc une faveur spéciale pour les fonctionnaires de l'ordre civil. (V. l'art. 31 du décret du 9 novembre 1853.)

[2] V. l'art. 22 du décret du 9 novembre 1853.

[3] De telle sorte qu'un fonctionnaire ayant neuf ans de services en France et quinze ans hors d'Europe pourra obtenir à cinquante-cinq

A l'égard des agents extérieurs du département
des affaires étrangères et des fonctionnaires de l'enseignement, le temps d'inactivité durant lequel ils ont
été assujétis à la retenue est compté pour service
effectif ; mais il ne peut être admis dans la liquidation
pour plus de cinq ans [1].

ART. 11. Peuvent exceptionnellement obtenir pension, quels que soient leur âge et la durée de leur activité :

1º Les fonctionnaires et employés qui auront été
mis hors d'état de continuer leur service, soit par
suite d'un acte de dévoûment dans un intérêt public,
ou en exposant leurs jours pour sauver la vie d'un de
leurs concitoyens, soit par suite de lutte ou combat
soutenu dans l'exercice de leurs fonctions ;

2º Ceux qu'un accident grave, résultant notoire-

ans une pension de trente-neuf ans de services, quoiqu'il n'ait que
vingt-quatre ans de services effectifs, parce que les quinze ans passés
hors d'Europe sont comptés pour moitié en sus de leur durée effective,
et que cette bonification ne réduira pas de plus d'un cinquième le
temps de service effectif exigé pour constituer le droit à la pension.

La pension d'un magistrat des colonies ne pouvait être liquidée
que d'après le règlement général du 11 fructidor an x sur les pensions
de la marine (SIREY, 21, 2, 271) ; depuis 1831, elle l'était par les
art. 1, 4, 7 et 24 de la loi des 18 avril et 11 mai 1831 (*Bull.*, 9,
XLI, nº 109). La loi du 9 juin 1853 est aujourd'hui seule appli able à
cette classe de fonctionnaires, et l'art. 10 leur est aussi favorable que
les art. 1, 4, 7, de la loi de 1831, qu'il abroge virtuellement.

[1] Voy. l'art. 25 *in fine* du décret du 9 nov 1853.

ment de l'exercice de leurs fonctions, met dans l'impossibilité de les continuer [1].

Peuvent également obtenir pension s'ils comptent cinquante ans d'âge et vingt ans de service dans la partie sédentaire, ou quarante-cinq ans d'âge et quinze ans de services dans la partie active, ceux que des infirmités graves, résultant de l'exercice de leurs fonctions, mettent dans l'impossibilité de les continuer ou dont l'emploi aura été supprimé [2].

Peuvent aussi obtenir pension les magistrats mis à la retraite en vertu du décret du 1er mars 1852 qui remplissent la condition de services indiquée dans le le paragraphe qui précède [1].

Art. 12.—Dans les cas prévus par le paragraphe 1er de l'article précédent la pension est de la moitié du dernier traitement, sans pouvoir excéder les maximum déterminés au tableau n° 3.

Dans le cas prévu par le paragraphe 2, la pension est liquidée suivant que l'ayant-droit appartient à la partie sédentaire ou à la partie active, à raison d'un soixantième ou d'un cinquantième du dernier traitement pour chaque année de service civil ; elle ne peut être inférieure au sixième dudit traitement [4].

[1-2] V. le 8e paragraphe de l'art. 16 et les art. 35 et 36 du décret du 9 novembre 1853.

[3] V. le paragraphe 4 de l'art. 18, dont la disposition est encore plus favorable à certains magistrats.

[4] V. l'art. 37 du décret du 9 novembre 1853.

Dans les cas prévus par les deux derniers paragraphes de l'article précédent, la pension est également liquidée à raison d'un soixantième ou d'un cinquantième du traitement moyen pour chaque année de service civil.

Art. 13. — A droit à pension la veuve du fonctionnaire qui a obtenu une pension de retraite en vertu de la présente loi, ou qui a accompli la durée de service, exigée par l'art. 5 [1], pourvu que le mariage ait été contracté six ans avant la cessation des fonctions du mari.

[1] Il faut sans doute ajouter à cette disposition « et qui atteint « la limite d'âge fixée par le même article. » La pension de la veuve est du tiers de celle à laquelle le mari aurait eu droit. Or, le mari n'aurait pu obtenir pension pour ancienneté que sous la double condition exprimée par l'art. 5. Il y a tout lieu de croire que le droit de la veuve y est également subordonné (DUVERGIER, 1853, p. 201).

Les droits des veuves à la reversibilité de la pension ont toujours été très contestés. Ils n'étaient reconnus ni par la loi de 1790 ni par le décret de 1806. Les deux commissions de 1835 et 1837 avaient également rejeté le droit des veuves, lorsque leurs maris n'étaient pas morts dans l'exercice de leurs fonctions ou par suite de leurs blessures.

La loi anglaise ne reconnaît pas le droit de reversibilité au profit des veuves, parce qu'en atténuant les ressources du présent, il a le grand inconvénient de prolonger la dette au-delà de toutes les probabilités ; mais le silence de la loi n'interdit pas à l'administration de venir au secours de celles des veuves qu'un accident fortuit a privées de leur appui. Si elle est libérale envers les hommes qui l'ont servie et économe envers leurs familles, elle n'est pas sans humanité.

La pension de la veuve est du tiers de celle que le mari avait obtenue, ou à laquelle il aurait eu droit. Elle ne peut être inférieure à cent francs, sans toutefois excéder celle que le mari aurait obtenue ou pu obtenir.

Le droit à la pension n'existe pas pour la veuve dans le cas de séparation de corps prononcée sur la demande du mari [1].

---

[1] La difficulté n'existe plus lorsqu'il est justifié qu'il y a eu réconciliation entre les époux et qu'ils ont fait cesser la séparation (7 avril, 14 juillet 1841, DEVILL.).

V. les art. 32, 35 et 45 du décret du 9 novembre 1853.

Quid du convol en secondes noces? Les lois des 11 et 18 avril 1831 ne privent pas de la jouissance de la pension la veuve du militaire ou marin qui se remarie.

La plupart des anciens règlements des caisses de retraite supprimées assimilaient le convol en secondes noces à la séparation de corps et décidaient que la seconde union faisait perdre à la femme le droit à la reversion.

La loi de 1853 est muette sur ce point. De son silence il faut conclure que la veuve du fonctionnaire ou employé nommé depuis le 1er janvier 1854, ou qui antérieurement ne subissait pas de retenue et n'était pas placé sous le régime des loi et décret des 22 août 1790 et 13 septembre 1806, ne perd pas la jouissance de sa pension en se remariant.

« Il est de principe consacré par la jurisprudence, dit M. Dumesnil, « que les droits des veuves et des enfants à l'obtention ou à la rever- « sion de la pension sont inhérents aux droits du mari ou du père. « Ainsi le droit à reversion accordé à la veuve dans les cas détermi- « nés par les règlements n'est que la continuation du droit qui ap- « partenait à son mari ; ce n'est donc pas la mort de celui-ci qui « constitue le droit, c'est l'existence même de la pension du mari qui « lui a donné naissance. » A la mort du mari, il y a donc pour la

Art. 14. — Ont droit à pension :

1° La veuve du fonctionnaire ou employé qui, dans l'exercice ou à l'occasion de ses fonctions, a perdu la vie dans un naufrage ou dans un des cas spécifiés au paragraphe 1er de l'art. 11, soit immédiatement, soit par suite de l'événement ;

2° La veuve dont le mari aura perdu la vie par un des accidents prévus au paragraphe 2 de l'art. 11, ou par suite de cet accident [1].

Dans le premier cas, la pension est des deux tiers de celle que le mari aurait obtenue ou pu obtenir par application de l'art. 12 (premier paragraphe).

Dans le second cas, la pension est du tiers de celle que le mari aurait obtenue ou pu obtenir en vertu dudit article (deuxième paragraphe).

Dans les cas spécifiés au présent article, il suffit que le mariage ait été contracté antérieurement à l'événement qui a amené la mort ou la mise à la retraite du mari.

Art. 15. — Dans le cas où un employé, ayant servi alternativement dans la partie active et dans la partie sédentaire, décède avant d'avoir accompli les trente années de services exigées pour constituer le droit à pension de sa veuve, un cinquième de son temps de

---

veuve droit acquis à la reversion si elle se trouve dans les conditions voulues par la loi, elle ne peut perdre ce droit qu'en vertu d'une disposition formelle de la loi, et cette disposition n'existe pas.

[1] V. l'art. 35 du décret du 9 novembre 1853.

services, dans la partie active est ajouté fictivement en sus du service effectif pour compléter les trente années nécessaires. La liquidation ne s'opère néanmoins que sur la durée effective des services [1].

ART. 16. — L'orphelin ou les orphelins mineurs d'un fonctionnaire ou employé ayant obtenu sa pension, ou ayant accompli la durée de services exigée par l'art. 5 de la présente loi, ou ayant perdu la vie dans un des cas prévus par les paragraphes 1er et 2 de l'art. 14, ont droit à un secours annuel lorsque la mère est décédée ou inhabile à recueillir la pension ou déchue de ses droits.

Ce secours est, quel que soit le nombre des enfants, égal à la pension que la mère aurait obtenue ou pu obtenir, conformément aux art. 13, 14 et 15. Il est partagé entre eux par égales portions, et payé jusqu'à ce que le plus jeune des enfants ait atteint l'âge de vingt et un ans accomplis, la part de ceux qui décéderaient ou celles des majeurs faisant retour aux mineurs.

S'il existe une veuve et un ou plusieurs orphelins mineurs provenant d'un mariage antérieur du fonc-

---

[1] Mais si malgré l'addition fictive du cinquième de son temps de services on n'atteint pas le chiffre de trente ans de services, la veuve n'a pas droit à pension. Ainsi il faut que le fonctionnaire ait au moins vingt-cinq ans de services dans la partie active et dans la partie sédentaire, pour que l'addition fictive du cinquième de son temps de services complète les trente années nécessaires pour donner droit à pension à sa veuve.

tionnaire, il est prélevé sur la pension de la veuve, et sauf reversibilité en sa faveur, un quart au profit de l'orphelin du premier lit s'il n'en existe qu'un en âge de minorité, et la moitié s'il en existe plusieurs [1].

Art. 17. — Les pensions et secours annuels qui seront accordés, conformément aux dispositions du présent titre, sont inscrits au grand-livre de la dette publique.

TITRE III.

DISPOSITIONS TRANSITOIRES APPLICABLES AUX FONCTIONNAIRES ET EMPLOYÉS EN EXERCICE AU 1er JANVIER 1854.

Art. 18. — Les fonctionnaires et employés en exercice au 1er janvier 1854 sont soumis aux retenues déterminées par l'art. 3, et sont retraités d'après les règles ci-après :

Ceux qui étaient tributaires des caisses de retraite supprimées et ceux qui obtenaient pension sur fonds généraux sont liquidés dans les proportions et aux conditions réglées par la présente loi pour leurs services postérieurs au 1er janvier 1854, et pour les services antérieurs, conformément soit aux règlements spéciaux, soit aux loi et décret des 22 août 1790 et

---

[1] V. les art. 32, 34, 35 et 45 du décret du 9 novembre 1853.

13 septembre 1806, qui régissaient respectivement leur situation, sans que les maximum déterminés par la présente loi puissent être dépassés [1].

Toutefois, les pensions des fonctionnaires et em-

---

[1] Application de l'art. 18 (double liquidation).

Un employé comptant quinze ans de service au 1er janvier 1854 sera admis à la retraite après trente ans de service, en 1869.

Ses services antérieurs à 1854 devront être liquidés d'après le règlement sous le régime duquel il est aujourd'hui placé, et qui règle la pension sur la moyenne des trois dernières années d'activité.

Ses services postérieurs à 1854 devront être liquidés d'après la loi actuelle, c'est-à-dire sur la moyenne des six dernières années d'activité.

Le traitement de cet employé aura été pendant les trois dernières années de son exercice de 2,400 fr.

Pendant les trois années antérieures son traitement n'était que de 2,100 fr.

La moyenne des trois ans est de 2,400 fr.

La moyenne des six ans est de 2,250 fr.

Il obtiendra pour les quinze années antérieures à 1854 15/60 du traitement moyen de 2,400 fr., soit . . . . . . 600 fr.

Et pour les 15/60es du traitement de 2,250 fr. . 562

Total. . . . 1,162 fr.

Liquidé purement et simplement par application de la loi nouvelle, cet employé n'eût obtenu que la moitié du traitement moyen de 2,250 fr., ci. 1,125. . . 1,125 fr.

Bénéfice résultant de la double liquidation. . . 37

On ne peut se méprendre sur l'intention de l'art. 18 ; il a voulu conserver aux employés en exercice en 1854 les avantages de la liquidation que leur assurent les anciens règlements pour la partie de leurs services accomplie sous le régime de ces règlements. Cette disposition serait complétement détournée de son but si, au lieu de liquider les services antérieurs à 1854 d'après la moyenne des trois dernières an-

ployés qui au 1ᵉʳ janvier 1854 auront accompli la durée du service exigée par les règlements spéciaux, loi et décret précités, sont liquidées conformément à ces règlements, loi et décret [1].

nées d'activité, on les liquidait d'après la moyenne des trois dernières années d'exercice accomplies en 1854.

En scindant ainsi les services de l'employé, la liquidation de la première partie de son activité serait toujours calculée sur un traitement très inférieur, et au lieu d'assurer un bénéfice, l'art. 18 imposerait une perte énorme aux employés qui auraient servi sous l'empire des règlements actuels, perte dont seraient affranchis ceux qui n'auraient servi que sous le régime de la loi nouvelle (Annexe à l'Exposé des motifs).

Il est de principe consacré par la jurisprudence que les droits des veuves et des enfants à l'obtention ou à la reversion de la pension sont inhérents aux droits du mari ou du père. Ainsi le droit de reversion accordé à la veuve, dans le cas déterminé par les règlements, n'est que la continuation du droit qui appartenait à son mari ; ce n'est donc pas la mort de celui-ci qui constitue le droit : c'est l'existence même de la pension du mari qui lui a donné naissance. C'est pourquoi il est de jurisprudence constante que le droit de la veuve remonte au jour où la pension du mari a été liquidée. Il suit de là que ce droit est réglé par la même législation que celle qui a réglé la pension du mari (V. ordon. en C. d'Ét. 30 sept. 1830, 1ᵉʳ février, 25 avril 1833, 7 mars, 8 avril, 2 mai, 4 juillet, 10 juillet 1834; 3 février, 6 mars 1835; 19 janvier 1836; DUMESNIL, p. 73; CHEVALLIER, *Jur. adm.*, Vᵒ. *Pension*). Les pensions des veuves des fonctionnaires et employés en exercice au 1ᵉʳ janvier 1852 seront donc soumises à une double liquidation par la combinaison des anciens règlements avec la loi nouvelle et dans les mêmes proportions.

[1] La double liquidation imposée par le paragraphe 2 ne s'effectuera que pour les pensions des fonctionnaires et employés qui auront

Les magistrats nommés avant le 1er janvier 1854, et mis à la retraite en vertu du décret du 1er mars 1852, auront droit à pension après quinze ans de services [1].

Les fonctionnaires et employés qui antérieurement ne subissaient pas de retenues, et n'étaient pas placés sous le régime des loi et décret des 22 août 1790 et 13 septembre 1806, sont admis à faire valoir la totalité de leurs services admissibles pour constituer leur droit à pension; toutefois, cette pension n'est liquidée que pour le temps pendant lequel ces fonctionnaires auront subi la retenue, et n'est réglée qu'à raison d'un cent-vingtième du traitement moyen par chaque année de services civils; mais le montant de la pension ainsi fixée est alors augmenté d'un trentième pour chacune des années liquidées [2]. Cette base excep-

accompli la durée de service exigée par la nouvelle loi, postérieurement au 1er janvier 1854. Nous donnons en appendice l'extrait des anciens règlements, lois et décrets qui servent de base à cette double liquidation.

[1] Ce paragraphe a été ajouté par la commission. V. le commentaire de l'art. 5.

[2] Le projet du gouvernement appliquait à cette catégorie de fonctionnaires la base du *soixantième de leurs derniers traitements*. Depuis leur entrée au service de l'Etat, ils sont totalement restés étrangers aux deux principaux éléments de ressources attribuées aux anciennes caisses; ils n'ont rien versé ni sous la forme d'une retenue sur leurs anciens traitements, ni comme chance tontinière; il n'était donc pas juste qu'ils fussent liquidés aussi favorablement que s'ils avaient supporté depuis leur entrée dans l'administration les mêmes éventualités et les mêmes charges que tout autre fonctionnaire. Sur la proposi-

tionnelle cesse lorsque le titulaire se trouve dans les conditions voulues par l'art. 5 [1].

TITRE IV.

DISPOSITIONS D'ORDRE ET DE COMPTABILITÉ.

ART. 19. — Aucune pension n'est liquidée qu'autant que le fonctionnaire aura été préalablement admis à

tion de la commission, l'art. 18 fut modifié conformément au vœu exprimé par elle par un décret de l'Empereur, communiqué par M. Baroche dans la séance du 14 mai 1853.

Voici un exemple de cette liquidation :

Un employé compte vingt ans de services au 1er janvier 1854, il sera admis à la retraite après trente ans de services en 1864 ; il aura donc subi la retenue pendant dix ans. La moyenne de son traitement des six dernières années est de 2,400 fr., dont le cent-vingtième est 20 fr. qu'il faut multiplier par les dix ans pendant lesquels il a subi la retenue, ci. . . . . 200 fr.

La pension ainsi fixée sera augmentée d'un trentième de cette somme pour chacune des années liquidées.

Le trentième de 200 fr. est 6 fr. 60 qui, multiplié par 10 donne. . . . . 66 fr.

                 Total. . . . 266 fr.

D'après le projet du gouvernement cet employé aurait eu 400 fr. pour une retenue qui pendant dix ans aurait à peine atteint 1,200 fr.

V. l'art. 37 du décret de 9 novembre 1853.

[1] C'est-à-dire lorsqu'il a subi les retenues pendant trente ans accomplis de services dans la partie sédentaire, ou vingt-cinq ans dans

faire valoir ses droits à la retraite par le ministre au département duquel il ressortit [1].

ART. 20. — Il ne peut être concédé annuellement de pension, en vertu de la présente loi, que dans la limite des extinctions réalisées sur les pensions inscrites. Dans le cas toutefois où cette limite devrait être dépassée, par suite de l'accroissement de liquidation auquel donneront lieu les nouvelles catégories de fonctionnaires soumis à la retenue et appelés à la pension par l'art. 3, l'augmentation de crédit nécessaire sera l'objet d'une loi spéciale [2].

la partie active. Les services antérieurs, quoique n'ayant pas subi de retenues sur leurs traitements, ne sont pas cependant soumis à cette liquidation exceptionnelle. C'est ce qui constitue selon nous le bénéfice de cette dernière partie de l'article.

[1] L'art. 5 nous dit bien que le droit à la pension est acquis par ancienneté à soixante ans d'âge et après trente ans de services, mais c'est moins un *droit* qu'une *aptitude* à obtenir la pension. L'Etat ne peut pas être contraint de se priver des services d'un fonctionnaire ou d'un employé qui lui sont encore utiles, ni des lumières qu'il n'a acquises, ni d'une expérience qui ne s'est formée qu'à ses dépens. Conserver ses fonctions tant qu'on peut être utile au pays est un devoir encore plus impérieux pour le fonctionnaire dont l'avenir est assuré par la pension.

« L'intérêt personnel est la ruine du service public. Celui qui sert « l'Etat doit faire abstraction de lui-même. Aucune considération « particulière, aucune affaire personnelle, aucun intérêt accessoire, « ne doivent le distraire de son occupation principale. » (Lettre de Joseph II écrite en 1783 au chef du personnel d'Etat.)

V. les art. 29, 30 et suivants du décret du 9 novembre 1853 et l'art. 47.

[2] Le fait de la diminution des concessions de pensions et de l'aug-

Art. 21. — Il sera rendu compte annuellement, lors de la présentation de la loi du budget, des pensions de retraite concédées et inscrites en vertu de la présente loi, en distinguant les charges antérieures et celles postérieures au 1er janvier 1854[1].

Art. 22. — Toute demande de pension est adressée au ministre du département auquel appartient le fonctionnaire. Cette demande doit, à peine de déchéance, être présentée, avec les pièces à l'appui[2], dans le

mentation des extinctions après un nombre d'années plus ou moins long est un fait qui paraît général. Il nous inspire la confiance que nous avons traversé la période dans laquelle les pensions ont fait supporter à nos finances les charges les plus onéreuses.

	Pensions concédées.	Pensions éteintes.
1849,	736,754 fr.	1,029,642 fr.
1850,	731,783	985,281
1851,	909,568	946,522
1852,	942,355	1,045,946

Les pensions qui figurent à divers titres au budget s'élevaient :

En 1817 à	90 millions ;
En 1837 à	66 millions ;
En 1853 à	57 millions.

Il est donc permis de croire que les fonds rendus libres par les extinctions seront suffisants pour l'acquittement des pensions nouvelles.

(Exposé des motifs.)

V. l'art. 38 du décret du 9 novembre 1853.

[1] V. l'art. 39 du décret du 9 nov. 1853.

[2] V. les art. 29, 30, 31, 32, 33, 34 et 46 du décret du 9 novembre 1853.

délai de cinq ans[1], à partir de la promulgation de la présente loi, pour les droits ouverts antérieurement, et, pour les droits qui s'ouvriront postérieurement, à partir, savoir : pour le titulaire, du jour où il aura été admis à faire valoir ses droits à la retraite, ou du jour de la cessation de ses fonctions, s'il a été autorisé à les continuer après cette admission, et, pour la veuve, du jour du décès du fonctionnaire.

Les demandes de secours annuels pour les orphelins doivent être présentées dans le même délai à partir de la promulgation de la présente loi, ou du décès de leur père, ou de celui de leur mère.

[1] Avant la loi de 1853, aucune loi, aucun règlement n'avait établi un délai de rigueur pour faire valoir, à peine de déchéance ou de prescription, les droits à une pension civile ; d'où il fallait conclure que la prescription trentenaire était seule applicable pour repousser les demandes de pensions, puisque cette prescription court au profit de l'État comme au profit des particuliers (C. Nap., art. 1224-1262 ; arr. du cons. d'Ét., 19 avr. 1831. — DUMESNIL, p. 15).

Le législateur de 1853 a emprunté la prescription quinquennale à la loi de finances du 17 avril 1833, art. 6, qui l'avait établie pour les pensions militaires.

V. l'art. 42 du décret du 9 nov. 1853.

Comme les pensions s'éteignent ou sont reversibles par la mort des titulaires, leur existence doit être justifiée lors de chaque paiement par la production d'un *certificat de vie* délivré par un notaire. Tout pensionnaire sera tenu de déclarer dans son certificat de vie qu'il ne jouit d'aucun traitement, sous quelque dénomination que ce soit, ni d'aucune autre pension ou solde de retraite, soit à la charge de l'État, soit sur le fonds de la caisse des invalides de la marine, sauf les cas d'exception déterminés (loi du 15 mai 1818, art. 14). — V. l'art. 46 du décret du 9 nov. 1853.

Art. 23. — Les pensions sont liquidées d'après la durée des services, en négligeant sur le résultat final du décompte les fractions de mois et de franc.

Les services civils ne sont comptés que de la date du premier traitement d'activité, et à partir de l'âge de vingt ans accomplis. Le temps de surnumérariat n'est compté dans aucun cas.

Art. 24. — La liquidation est faite par le ministre compétent qui la soumet à l'examen du conseil d'État avec l'avis du ministre des finances. Le décret de concession est rendu sur la proposition du ministre compétent. Il est contresigné par lui et par le ministre des finances. Il est inséré au *Bulletin des lois*[1].

Art. 25. — La jouissance de la pension commence du jour de la cessation du traitement ou du lendemain du décès du fonctionnaire; celle du secours annuel, du lendemain du décès du fonctionnaire, ou du décès de la veuve.

Il ne peut en aucun cas y avoir lieu au rappel de

---

[1] Si la partie se croit lésée, elle peut se pourvoir au *contentieux* (*Exposé des motifs*).

Du principe que les agents militaires ou civils ont pour chefs les ministres, il suit que c'est aux ministres à vérifier leurs services et à liquider leurs pensions.

Du principe que l'accomplissement des services constitue un droit acquis, il suit que la matière est contentieuse.

Du principe que la matière est contentieuse, il suit que le ministre doit statuer par voie de décision spéciale et motivée.

Du principe que les décisions prises par les ministres en matière

plus de trois années d'arrérages antérieures à la date de l'insertion au *Bulletin des lois* du décret de concession [1].

Art. 26. — Les pensions sont incessibles. Aucune saisie ou retenue ne peut être opérée du vivant du pensionnaire que jusqu'à concurrence d'un cinquième pour débet envers l'État, ou pour les créances privilégiées aux termes de l'art. 2101 du Code Napoléon [2] et

contentieuse ne sont déférables au conseil d'État que par la voie contentieuse, il suit que les prétendants au droit peuvent les attaquer par cette voie ; que leur recours n'est recevable que *dans les trois mois* de la notification, et que cette notification peut se faire par simple lettre ministérielle (CORMENIN, t. II , p. 388).

Le conseil d'État est juge d'appel des décisions rendues par le ministre en matière de pensions de retraite dues aux employés des ministères (Ord. du 20 janvier 1819; SIREY, t. XIX, 2, 87).

La forme du pourvoi est la même que pour toutes les affaires contentieuses, c'est-à-dire que la requête doit être signée d'un avocat aux conseils; autrement elle ne serait pas recevable (décret du 22 juillet 1806).

V. les art. 40-41 du décret du 9 nov. 1853.

[1] V. l'art, 45 du décret du 9 nov. 1853.

[2] Art. 2101. — Les créances privilégiées sur la généralité des meubles sont celles ci-après exprimées et s'exercent dans l'ordre suivant :

1º Les frais de justice;

2º Les frais funéraires ;

3º Les frais quelconques de la dernière maladie concurremment avec ceux à qui ils sont dus;

4º Les salaires des gens de service pour l'année échue et ce qui est dû de l'année courante :

d'un tiers dans les circonstances prévues par les articles 203, 205, 206, 207 et 214 du même Code[1].

ART. 27. — Tout fonctionnaire ou employé démissionnaire, destitué, révoqué d'emploi, perd ses droits à la pension. S'il est remis en activité, son premier service lui est compté[2].

5º Les fournitures des subsistances faites au débiteur et à sa famille, etc.

S'il y a concurrence sur le cinquième entre l'État et les créanciers dont parle l'art. 2101, il faudra diviser le montant de ce cinquième en deux parties et qui sont entre elles dans le rapport de la créance de l'État avec la somme des autres créances privilégiées. La portion afférente aux créances privilégiées sera attribuée aux créanciers dans l'ordre prescrit par l'art. 2101 (DUVERGIER, p. 205).

[1] **ART. 203.** — Les époux contractent ensemble par le fait seul du mariage l'obligation de nourrir, entretenir et élever leurs enfants.

ART. 205. — Les enfants doivent des aliments à leurs père, mère et autres ascendants dans le besoin.

ART. 206. — Les gendres et belles-filles doivent également et dans les mêmes circonstances des aliments à leurs beau-père et belle-mère; mais cette obligation cesse : 1º lorsque la belle-mère a convolé en secondes noces ; 2º lorsque celui des époux qui produisait l'affinité et les enfants issus de son union avec l'autre époux sont décédés.

ART. 207. — Les obligations résultant de ces dispositions sont réciproques.

ART. 214. — La femme est obligée d'habiter avec le mari, et de le suivre partout où il juge à propos de résider ; le mari est obligé de la recevoir et de lui fournir tout ce qui est nécessaire pour les besoins de la vie selon ses facultés et son état.

Le pensionnaire sera réduit aux 7/15 s'il y a à la fois saisie de la pension pour 1/5 et pour 1/3.

[2] La *démission* est considérée comme une renonciation volontaire au

Celui qui est constitué en déficit pour détournement de deniers ou de matières, ou convaincu de malversations, perd ses droits à la pension, lors même qu'elle aurait été liquidée ou inscrite [1].

La même disposition est applicable au fonctionnaire convaincu de s'être démis de son emploi à prix d'argent, et à celui qui aura été condamné à une peine afflictive ou infamante. Dans ce dernier cas, s'il y a réhabilitation, les droits à la pension seront rétablis [2].

ART. 28. — Lorsqu'un pensionnaire est remis en activité dans le même service, le paiement de sa pension est suspendu [3]. Lorsqu'il est remis en activité dans un service différent, il ne peut cumuler sa pension

droit acquis ; l'employé savait d'avance qu'il lui fallait tant d'âge et tant de services. La destitution est la peine des mauvais services et la pension en est la récompense (CORMENIN , t. II, p. 390).'

V. l'art. 25 du décret du 9 nov. 1853.

[1] Cette disposition tranche une question sur laquelle la jurisprudence du conseil d'État n'était pas uniforme.

Une ordonnance du 15 août 1839 décidait qu'une pension concédée par ordonnance royale constituait un droit acquis au profit du titulaire, tellement qu'elle ne pouvait être révoquée, même au cas où il encourait une condamnation pour malversations découvertes depuis la liquidation, et qui auraient été de nature à lui faire perdre tout droit à la pension (DEVILL, 40, 2, 185).

Contrà. — (DALLOZ, 9 fév. 1850.)

[2] V. l'art. 43 du décret du 9 nov. 1853.

[3] Ce cumul était déjà proscrit par la loi de 1790, art. 10. En Angleterre, si le pensionnaire est remis en activité, il ne peut cumuler

et son traitement que jusqu'à concurrence de quinze cents francs.

Après la cessation de ses fonctions, il peut rentrer en jouissance de son ancienne pension, ou obtenir, s'il y a lieu, une nouvelle liquidation basée sur la généralité de ses services.

ART. 29.—Le droit à l'obtention ou à la jouissance d'une pension est suspendu dans les circonstances qui font perdre la qualité de Français durant la privation de cette qualité[1].

La liquidation ou le rétablissement de la pension

sa pension avec son traitement que jusqu'à due concurrence de celui sur lequel sa pension a été liquidée.

V. l'art. 44 du décret du 9 nov. 1853.

[1] On perd la qualité de Français : 1º par la naturalisation acquise en pays étranger; 2º par l'acceptation non autorisée par le roi de fonctions publiques conférées par un gouvernement étranger ; 3º par tout établissement fait en pays étranger, sans esprit de retour : les établissements de commerce ne pourront jamais être considérés comme ayant été faits sans esprit de retour ; 4º le Français qui sans autorisation du roi prendrait du service militaire chez l'étranger, ou s'affilierait à une corporation militaire étrangère, perdrait sa qualité de Français; 5º une femme française qui épousera un étranger suivra la condition de son mari.—Elle perdra la qualité de Française et la jouissance de sa pension.(V. C. Nap., art. 17, 19, 21.) On peut recouvrer la qualité de Français en accomplissant certaines conditions que la loi indique (C. Nap., art. 18, 19, 20, 21), mais la liquidation ou le rétablissement de la pension ne peut donner lieu à aucun rappel pour les arrérages antérieurs. Ceci est conforme à la loi civile qui déclare que ceux qui auront recouvré la qualité de Français ne pourront s'en prévaloir

ne peut donner lieu à aucun rappel pour les arrérages antérieurs.

TITRE V.

DISPOSITIONS APPLICABLES AUX PENSIONS DE TOUTE NATURE.

ART. 30. — Les pensions et secours annuels sont payés par trimestre : ils sont rayés des livres du Trésor après trois ans de non-réclamation, sans que leur rétablissement donne lieu à aucun rappel d'arrérages antérieurs à la réclamation [1].

La même déchéance est applicable aux héritiers ou ayant-cause des pensionnaires qui n'auront pas produit la justification de leurs droits dans les trois ans qui suivront la date du décès de leur auteur [2].

ART. 31. — Le cumul de deux pensions est autorisé dans la limite de six mille francs, pourvu qu'il n'y

que pour l'exercice des droits ouverts à leur profit depuis cette époque.

La veuve d'un Français qui épouserait un étranger perdrait le droit à réversion qu'elle aurait pu obtenir, parce que la femme suivant la condition de son mari cesse d'être Française lorsqu'elle prend pour époux un étranger (C. Nap., art. 19). Les orphelins mineurs ont alors droit au secours annuel. (V. l'art. 16.)

[1] V. les art. 4 et 45 du décret du 9 nov. 1853.

[2] V. les art 32, 33 et 35 du décret du 9 nov. 1853.

ait pas double emploi dans les années de service présentées pour la liquidation [1].

La disposition qui précède n'est pas applicable aux pensions que des lois spéciales ont affranchies des prohibitions du cumul [2].

---

[1] V. l'art. 44 du décret du 9 nov. 1853

[2] Peuvent se cumuler avec un traitement d'activité :

Les pensions des vicaires généraux, chanoines, celles des curés de canton septuagénaires et celles des chevaliers de Malte, pourvu que la pension et le traitement ne s'élèvent pas ensemble à plus de 2,500 fr.

Les pensions des académiciens et hommes de lettres attachés à l'instruction publique, à la bibliothèque du roi, à l'observatoire ou au bureau des longitudes, peuvent se cumuler (lorsqu'elles n'excèdent pas 2,000 fr. et jusqu'à concurrence de cette somme si elles l'excédaient), pourvu que la pension et le traitement ne s'élèvent pas ensemble à plus de 6,000 fr. (loi du 15 mai 1818, art. 12).

Ne sont pas sujets aux lois prohibitives du cumul :

Les pensions et traitements de toute nature qui réunis n'excèdent pas 1,500 fr. (loi 9 juin 1853, art. 28).

Ni les pensions des grands'croix, commandeurs et chevaliers de Saint-Louis (loi 14 juillet 1819, art. 7).

Ni les pensions des combattants de juillet 1830 (loi 13 décembre 1830).

Ni celles accordées aux vainqueurs de la Bastille (loi 26 avril 1833, art. 2).

Ni celles accordées à des gardes nationaux ou parents des gardes nationaux (loi 21 avril 1833).

Ni les pensions accordées aux donataires français dépossédés de leurs dotations situées en pays étrangers (loi 26 juillet 1821, art. 6).

Ni celles sur le domaine extraordinaire autres que les précédentes (loi 26 juillet 1821, art. 5).

TITRE VI.

DISPOSITIONS SPÉCIALES.

ART. 32. — Les dispositions de la loi du 22 août 1790 et du décret du 13 septembre 1806 continueront à être appliquées[1] :

Aux ministres secrétaires d'État ;
Aux sous-secrétaires d'État ;
Aux membres du conseil d'État ;
Aux préfets et sous-préfets.

Ni celles accordées aux victimes ou parents des victimes de l'attentat de Fieschi (loi 4 sept. 1835, art. 2).

Les officiers et sous-officiers employés dans l'administration des palais nationaux pourront cumuler leur traitement militaire ou pension de retraite avec leur traitement d'activité comme employés des palais nationaux, et ne seront pas soumis à la retenue pour cumul exigée par le décret du 12 août 1848 (décret des 24 mars-3 avril 1852).

Ceux qui par de fausses déclarations ou de quelque manière que ce soit usurpent plusieurs pensions, ou un traitement avec une pension, sont rayés de la liste des pensionnaires et poursuivis en restitution des sommes indûment perçues (loi 15 mai 1818, art. 15).

[1] Ces fonctionnaires sont au nombre de 491.

Leurs fonctions touchent encore plus à la politique qu'à l'administration. Le versement d'une retenue pourrait porter atteinte à l'indépendance absolue que le gouvernement doit conserver à leur égard.

Les dispositions de la loi du 22 août 1790 et le décret du 13 sep-

Art. 33. — Lorsqu'un fonctionnare aura passé d'un service sujet à retenue dans un service qui en est affranchi, ou réciproquement, la pension est liquidée d'après la loi qui régit son dernier service, à moins qu'il n'ait accompli dans le premier service les conditions d'âge et de durée des fonctions exigées.

Dans ce dernier cas, le fonctionnaire a le droit de choisir le mode de liquidation de la pension.

Art. 34. — Les dispositions des art. 19, 22, 23, 24, 25, 26, 27, 28, 29, 30 et 31 de la présente loi sont applicables au fonctionnaire dont la pension est liquidée conformément à la loi du 22 août 1790 et au décret du 13 septembre 1806.

Art. 35. — Un règlement d'administration publique déterminera[1] :

1° La portion des rétributions diverses qui peut être affranchie de la retenue mentionnée au paragraphe 1er de l'art. 3[2] ;

tembre 1806 continueront à leur être appliqués, c'est-à-dire que leur pension, lorsqu'ils y auront droit, sera liquidée au sixième du traitement des quatre dernières années.

Leur position serait presque toujours plus favorable si on leur faisait l'application de la loi nouvelle ; mais en même temps qu'on ne leur en accorde pas le bénéfice, on les soumet à celles de ses dispositions qui contiennent des règles d'ordre et de comptabilité (*Exposé des motifs*).

[1] Ce règlement d'administration publique a été décrété le 9 novembre 1853. V. le *Moniteur* du 11 nov. 1853, p. 1249-1250.

[2] V. l'art. 21 du décret du 9 nov. 1853.

2° La fixation des retenues mentionnées au paragraphe 3 du même article et des prélèvements autorisés sur les amendes et confiscations en matière de douanes, de contributions indirectes et de postes [1] ;

3° Les formes à suivre pour déclarer l'incapacité du fonctionnaire dans le cas prévu par le dernier paragraphe de l'art. 5 [2].

4° Les formes et les délais dans lesquels seront justifiées les causes, la nature et les suites des blessures ou infirmités pouvant donner droit à pension [3] ;

5° Le mode de constatation des circonstances de nature à ouvrir des droits aux veuves dans les cas prévus par les paragraphes 1 et 2 de l'art. 14 [4] ;

6° Les formes suivant lesquelles le fonctionnaire pourra être privé de sa pension dans les cas prévus par l'art. 27 [5] ;

7° Celles suivant lesquelles aura lieu, entre les divers départements ministériels, la répartition du crédit alloué chaque année pour le service des pensions.

Ce règlement déterminera, en outre, les autres mesures propres à assurer l'exécution de la présente loi.

ART. 36. — Sont abrogés : la loi du 15 germinal

---

[1] V. l'art. 24 et le tableau annexé sous le n° 2 du décret du 9 novembre 1853.

[2] V. l'art. 30 du décret du 9 nov. 1853.

[3] V. les art. 35-36 du décret du 9 nov. 1853.

[4] *Idem.*

[5] V. l'art. 43 du décret du 9 nov. 1853.

an xi , l'arrêté du 15 floréal an xi , le premier paragraphe de l'art. 27 de la loi du 25 mars 1817 , le premier paragraphe de l'art. 13 de la loi du 15 mai 1818 ; et l'art. 31 de la loi du 19 mai 1849 , ainsi que les dispositions des lois, décrets, ordonnances ou règlements qui seraient contraires à la présente loi.

N° 1. *Tableau des caisses de retraite supprimées à partir du 1ᵉʳ janvier 1853.*

(Annexe de l'art. 1ᵉʳ de la loi du 9 juin 1853.)

DÉPARTEMENTS MINISTÉRIELS.	NOMBRE de caisses de retraite supprimées.	DÉSIGNATION des CAISSES DE RETRAITE SUPPRIMÉES.
Ministère d'État. .	1	Caisse de retraite des employés de la Légion-d'Honneur.
Justice.	1	Caisse de retraite de la magistrature, des bureaux du ministère et du conseil d'État.
Affaires étrangères	1	Caisse de retraite du ministère des affaires étrangères.
Instruction publique et cultes.	3	Caisse de retraite des fonctionnaires et professeurs de l'Université et des employés des bureaux du ministère. Caisse de retraite des fonctionnaires et des principaux régents des colléges communaux. Caisse de retraite des employés des bureaux des cultes.
Intérieur, agriculture et commerce, et police générale.	7	Caisse de retraite des employés des ministères de l'intérieur, de l'agriculture et du commerce et de la police générale. Caisse de retraite des professeurs et employés du conservatoire national de musique. Caisse de retraite des employés du service des prisons. Caisse de retraite des employés des haras, dépôts d'étalons et écoles vétérinaires. Caisse de retraite des vérificateurs et employés du service des poids et mesures. Caisse de retraite des professeurs et employés des écoles d'arts et métiers. Caisse de retraite des agents de l'intendance sanitaire de Marseille.
Travaux publics. .	1	Caisse de retraite des fonctionnaires et employés des ponts et chaussées et des mines.
Guerre.	5	Caisse de retraite des employés des bureaux du ministère de la guerre et des commis entretenus pour le service des bureaux de l'intendance militaire. Caisse de retraite des écoles militaires. Caisse de retraite des poudres et salpêtres. Caisse de retraite des écoles d'artillerie et du génie et des contrôleurs et réviseurs d'armes. Caisse de retraite de l'École polytechnique.
Ministères d'État et de la Maison de l'Empereur et des finances.	6	Caisse générale des pensions de retraite des fonctionnaires et employés des ministères d'État et de la Maison de l'Empereur et des finances. (*Ordonnance du 12 janvier 1825, et décrets des 24 novembre et 31 décembre 1852.*) Caisse de retraite des greffe et archives de la Cour des comptes. Caisse de retraite des caisses d'amortissement et des dépôts et consignations. Caisse de retraite des courriers des postes. Caisse de retraite des employés de l'ancienne Chambre des pairs.
	23	

N° 2. — *Tableau des emplois du service actif.*

(Annexe de l'art. 5 de la loi du 9 juin 1853.)

DOUANES.	CONTRIBUTIONS INDIRECTES ET TABACS.	FORÊTS DE L'ÉTAT et DE LA COURONNE.	POSTES.
Capitaines de brigade.	*Service général.*	Gardes généraux adjoints.	Courriers et postulants courriers.
Lieutenants d'embarcation.	Inspecteurs.		
	Sous-inspecteurs.		
Lieutenants de première classe.	Contrôleurs de ville.	Gardes à cheval.	Facteurs de ville.
	Contrôleurs receveurs à cheval et à pied.		
Lieutenants de deuxième classe.		Brigadiers.	
	Receveurs ambulants à cheval et à pied.		Brigadiers et sous-brigadiers facteurs ruraux.
Lieutenants de troisième classe.	Commis adjoints à cheval et à pied.	Gardes à pied.	
Brigadiers à cheval et à pied.	Commis aux exercices.		Facteurs ruraux.
	Navigation.	Gardes forestiers cantonniers.	
Sous-brigadiers à cheval et à pied.	Commis adjoints à pied.		Facteurs locaux.
Cavaliers et préposés d'ordonnance.	Commis à pied.		
Préposés.	*Garantie.*		Chargeurs de malles.
	Contrôleurs.		
Patrons et sous-patrons.	Sous-contrôleurs.		
Matelots.	Commis aux exercices.		
Mousses.	*Culture des tabacs.*		
Préposés gardes-magasins.	Inspecteurs.		
	Sous-inspecteurs.		
Préposés concierges.	Contrôleurs.		
	Commis.		
Préposés emballeurs.	*Octrois.*		
Préposés peseurs et plombeurs.	Préposés en chef.		

Nᵒ 3. — *Tableau des maximum des pensions.*

(Annexe de l'art. 7 de la loi du 9 juin 1853.)

DÉSIGNATION DES FONCTIONS, GRADES ET QUOTITÉ DES TRAITEMENTS.	MAXIMUM DES PENSIONS.
SECTION Iʳᵉ.	
AGENTS DIPLOMATIQUES ET CONSULAIRES.	
Ambassadeurs.	12,000 f.
Ministres plénipotentiaires de 1ʳᵉ classe.	10,000
Ministres plénipotentiaires de 2ᵉ classe et direct. des trav. polit.	8,000
Chargés d'affaires en titre.	6,000
Premiers secrétaires d'ambassade ou de légation de 1ʳᵉ classe, et sous-directeur des travaux politiques.	5,000
Tous autres secrétaires d'ambassade ou de légation.	4,000
Consuls généraux.	6,000
Consuls de 1ʳᵉ classe.	5,000
Consuls de 2ᵉ classe.	4,000
Premier drogman et secrétaire interprète à Constantinople.	5,000
Second drogman à la même résidence et premiers drogmans des consulats généraux.	3,000
Tous autres drogmans, chanceliers d'ambassade et de légation.	2,400
Chanceliers des consulats généraux.	2,400
Agents consulaires (vice-consuls), français de nation et rétribués directement sur le Trésor, au moyen d'une allocation ordonnancée en leur nom.	2,000
Chanceliers de consulat.	1,800
SECTION II.	
Magistrats de l'ordre judiciaire et de la Cour des comptes, fonctionnaires de l'enseignement et ingénieurs des ponts-et-chaussées et des mines.	2/3 du traitement moyen, sans pouvoir dépasser 6,000 f.
SECTION III.	
Fonctionnaires et employés des administrations centrales et du service intérieur des différents ministères; agents et préposés de toutes classes autres que ceux compris dans les deux sections ci-dessus.	
Traitements de 1,000 fr. et au-dessous.	750 f.
de 1,001 à 2,400.	2/3 du traitement moyen, sans pouvoir descendre au-dessous de 750 f.
de 2,401 à 3,200.	1,600 f.
de 3,201 à 8,000.	1/2 du traitement moyen.
de 8,001 à 9,000.	4,000
de 9,001 à 10,500.	4,500
de 10,501 à 12,000.	5,000
au-dessus de 12,000.	6,000
FONCTIONNAIRES ET AGENTS À SALAIRES ET REMISES.	
Conservateurs des hypothèques et receveurs de l'enregistrement et du timbre de 1re classe.	3,000
Conservateurs des hypothèques et receveurs de l'enregistrement et du timbre de 2e classe.	2,000
Courriers et postulants courriers des postes.	1,200

DÉCRET IMPÉRIAL

PORTANT RÈGLEMENT D'ADMINISTRATION PUBLIQUE POUR L'EXÉCUTION DE LA LOI DU 9 JUIN 1853 SUR LES PENSIONS CIVILES.

Du 9 novembre 1853, promulgué le 14 novembre 1853.
(B., 104, n° 869.)

TITRE PREMIER.

SUPPRESSION DES CAISSES DE RETRAITE ET INSCRIPTION DES PENSIONS AU GRAND-LIVRE DE LA DETTE PUBLIQUE.

Art. 1er. — A partir du 1er janvier 1854, la caisse des dépôts et consignations cessera d'être chargée du service des pensions imputées sur les caisses de retraite supprimées par l'article 1er de la loi du 9 juin 1853.

Elle continuera néanmoins, jusqu'au 1er mai 1854, à effectuer le paiement des arrérages et décomptes d'arrérages afférents à l'année 1853 et années antérieures, et elle fera également recette des retenues portant sur lesdites années.

A partir du 1er mai 1854, les arrérages antérieurs

au 1er janvier de ladite année seront, jusqu'au terme de prescription, payés aux caisses du Trésor public par imputation sur le crédit spécial de dépense affecté chaque année au service des pensions civiles. Les retenues arriérées, dévolues aux caisses de retraite supprimées, ou provenant de leur liquidation, seront portées au chapitre spécial qui sera ouvert au budget des recettes de l'année courante, sous le titre désigné à l'art. 5.

La caisse des dépôts et consignations arrêtera, au 1er juillet 1854, la situation des caisses de retraite supprimées, et versera au Trésor leur solde en numéraire et leurs autres valeurs actives.

Les inscriptions de rentes appartenant à ces caisses seront annulées.

Un procès-verbal de clôture et de remise du service sera dressé contradictoirement entre un délégué du ministre des finances, le directeur général de la caisse des dépôts et consignations et un membre de la commission de surveillance placée près de cet établissement, désigné par elle à cet effet.

Art. 2. — L'inscription au grand-livre de la dette publique des pensions existantes au 1er janvier 1854, à la charge des caisses de retraite supprimées, aura lieu d'après des états certifiés et transmis au ministre des finances par les ministres des divers départements. Ces états, conformes au modèle ci-annexé sous le n° 1, énonceront, pour chaque pension, la date, la nature et les motifs de l'acte qui l'aura constituée. Ils seront divisés en deux catégories :

1º Pensions liquidées et en cours de paiement;

2º Pensions liquidées, mais dont le paiement sera suspendu pour cause de remplacement des titulaires, ou pour tout autre motif.

Des états dressés dans la même forme seront successivement transmis pour l'inscription des pensions en cours de liquidation au 1er janvier 1854.

ART. 3. — Les titulaires des pensions de retraite inscrites au grand-livre de la dette publique, en exécution de l'art. 2 de la loi du 9 juin 1853, recevront, à l'échéance du premier trimestre 1854, en échange de l'ancien titre, un certificat d'inscription au Trésor, délivré par le ministère des finances.

ART. 4. — Le paiement de ces pensions aura lieu aux échéances des 1er janvier, 1er avril, 1er juillet et 1er octobre, et sera fait par les payeurs du Trésor, sur les justifications, dans les formes et sous les garanties déterminées pour les pensions inscrites sur les fonds généraux de l'État.

A partir du 1er janvier 1854 :

Les pensions civiles concédées en vertu de la loi du 22 août 1790 et du décret du 13 décembre 1806;

Les pensions ecclésiastiques [1];

---

[1] C'est à-dire les anciennes pensions ecclésiastiques.

Le directeur de la caisse des dépôts et consignations est chargé de

Les pensions de veuves de militaires et les pensions de donataires cesseront d'être payées par semestre, et seront acquittées par trimestre aux échéances sus-indiquées.

Il en sera de même des pensions des douanes précédemment payées par mois par les receveurs principaux de cette administration.

TITRE II.

PERCEPTION DES RETENUES.

Art. 5. — Les traitements ou allocations passibles de retenues, qui sont acquittés par les comptables du trésor, sont portés *pour le brut* dans les ordonnances et mandats, et il y est fait mention spéciale des retenues à exercer pour pension.

Les comptables chargés du paiement de ces ordonnances ou mandats les imputent en dépense pour leur montant intégral, et ils constatent en recette les retenues opérées au crédit du budget de chaque exercice et à un compte distinct intitulé : *Retenues sur traitements pour le service des pensions civiles.*

Art. 6. — Les traitements des fonctionnaires des

toutes les opérations qui concernent le recouvrement des revenus de la caisse et le paiement des arrérages des pensions ecclésiastiques, instituées par le décret du 28 juin 1853.

services qui ont une comptabilité spéciale, tels que l'administration de la dotation de la Couronne, la Légion-d'Honneur, les Chancelleries consulaires, les Caisses d'amortissement et des dépôts et consignations ou autres, sont portés *pour le brut* dans les mandats délivrés sur les caisses particulières chargées de l'acquittement des dépenses de ces services, et il y est fait mention spéciale des retenues à exercer.

Les décomptes des retenues sont établis sur les états mensuels de traitements. Un bordereau récapitulatif de ces retenues, visé par l'ordonnateur, est remis par lui, comme titre de perception, au receveur des finances, à qui il en fait en même temps verser le montant. Un duplicata de ce bordereau récapitulatif est adressé, par l'ordonnateur de chaque service, au ministre des finances.

Les règles établies par le présent article, en ce qui concerne les bordereaux fournis par les ordonnateurs comme titres de perception, ne sont pas applicables aux retenues sur les émoluments des receveurs de communes et d'établissements de bienfaisance, lesquelles doivent être soumises aux dispositions spéciales de l'art. 20.

ART. 7. — Les retenues afférentes aux traitements tant fixes qu'éventuels des fonctionnaires des lycées sont précomptées chaque mois ou chaque trimestre, à l'instant du paiement, par l'économe, et par lui versées à la caisse du receveur des finances.

A l'appui de chaque versement et comme titre de

perception, l'économe fournit au receveur une expédition des états de traitements certifiée par le proviseur et visée par le recteur.

ART. 8. — Les retenues à exercer sur les traitements des fonctionnaires des écoles secondaires de médecine et de pharmacie, et des colléges communaux en régie, au compte des villes, sont précomptées de la même manière par le receveur municipal et par lui versées dans la caisse du receveur des finances, auquel il remet, comme titre de perception, une expédition des états de traitements certifiée par le directeur de l'école ou par le principal et visée par le recteur.

ART. 9. — A l'égard des colléges communaux où le pensionnat est au compte des principaux, le montant des retenues est précompté par le receveur municipal sur les différents termes de la subvention allouée par la ville à l'établissement. A cet effet, le principal remet au receveur, chaque mois ou chaque trimestre, selon que les traitements sont acquittés mensuellement ou trimestriellement, un état des traitements dressé en double expédition, certifié par lui et visé par le recteur. Le traitement attribué au principal, pour le décompte de la retenue qu'il doit subir, sera calculé sur le traitement du régent le mieux rétribué, augmenté d'un quart.

Une des deux expéditions est produite par le receveur municipal au receveur des finances pour justifier le versement des retenues.

Dans les colléges auxquels la ville n'alloue pas de subvention, les retenues sont précomptées par le principal et versées directement par lui dans la caisse du receveur des finances, à qui il remet une expédition de l'état des traitements, certifiée comme il a été dit ci-dessus.

Art. 10. — Les retenues acquises au Trésor sur le traitement des instituteurs communaux, quelle que soit l'origine des rétributions dont ce traitement se compose, sont prélevées par le receveur municipal lors du paiement, lequel a lieu sur la production de mandats délivrés par le maire et indiquant le montant brut des rétributions, les retenues à exercer et le net à payer.

Lorsque l'instituteur est autorisé à percevoir lui-même la rétribution scolaire, conformément au deuxième paragraphe de l'art. 41 de la loi du 15 mars 1850, il remet le vingtième de cette rétribution au receveur municipal, qui le verse, avec les autres retenues acquises au Trésor, dans la caisse du receveur des finances.

A l'appui des versements effectués, le receveur municipal produit des copies des mandats de paiement, et, en outre, lorsque la rétribution scolaire a été perçue par l'instituteur, une copie du rôle de rétribution.

Art. 11. — Indépendamment des pièces mentionnées à l'article précédent, le receveur municipal adresse tous les trois mois au receveur des finances, pour être transmis au sous-préfet, un bordereau récapitulatif des sommes recouvrées dans le cours du trimestre, pour traitement de l'instituteur, et des retenues dont elles ont été frappées au profit du Trésor.

Le sous-préfet, après avoir, de concert avec l'inspecteur des écoles primaires, opéré le rapprochement de l'état des mutations du personnel avec les bordereaux remis par le receveur des finances, arrête et transmet au préfet, en double expédition, un tableau général des traitements et rétributions de toute nature afférents aux instituteurs communaux de l'arrondissement, et des retenues qui ont été exercées sur ces traitements et rétributions pendant le trimestre écoulé.

Ce tableau est vérifié par le préfet, qui en adresse une expédition, visée par lui, au ministre de l'instruction publique et des cultes.

Art. 12. — Tous les trois mois, le ministre de l'instruction publique fait parvenir au ministre des finances un état récapitulatif, par catégorie de fonctionnaires, des retenues acquises au Trésor pour tous les services de l'instruction publique.

Cet état indique le total brut des traitements qui ont été payés et le montant des retenues qui ont dû être précomptées par les payeurs ou versées dans les caisses des receveurs des finances.

En ce qui concerne les instituteurs communaux,

cette production n'a lieu que tous les six mois. L'état est dressé par arrondissement.

Art. 13. — Les fonctionnaires et employés rétribués sur d'autres fonds que ceux de l'Etat, qui ont néanmoins droit à pension conformément au dernier paragraphe de l'art. 4 de la loi du 9 juin 1853, supportent la retenue sur l'intégralité de leurs rétributions.

Ceux qui sont placés en France et en Algérie doivent effectuer le versement de cette retenue, par trimestre et dans les premiers jours du trimestre qui suit le trimestre échu, à la caisse du receveur des finances ; ils transmettent la déclaration de ce versement au ministre du département auquel ils ressortissent. Ceux qui résident à l'étranger sont tenus de faire acquitter, pour leur compte, les retenues qui les concernent, et de faire faire en même temps la déclaration ci-dessus prescrite : ils sont autorisés à faire un seul versement par année.

Les ministres transmettent, chaque trimestre, au ministre des finances, des états nominatifs par département desdits fonctionnaires et employés; ces états, indiquant le traitement applicable à chaque agent et la retenue à exercer, sont transmis, comme titres de perception à recouvrer, aux receveurs des finances.

Art. 14. — Pour les services tels que celui des haras, dans lesquels les traitements et salaires sont, comme les autres dépenses, payés par les comptables à titre d'avance et sauf justification ultérieure, l'ordonnancement des retenues a lieu tous les trois mois, au profit du Trésor, par l'administration centrale.

La vérification et la liquidation définitive des décomptes de retenues perçues sur les agents des chancelleries diplomatiques et consulaires sont faites par le ministère des affaires étrangères, lors du règlement des comptes desdites chancelleries.

Art. 15. — Le compte général des retenues exercées pour le service des pensions civiles, établi par ministères et administrations, est annexé au compte définitif des recettes publié par le ministre des finances pour chaque exercice.

Art. 16. — Les fonctionnaires et employés ne peuvent obtenir, chaque année, un congé ou une autorisation d'absence de plus de quinze jours sans subir une retenue. Toutefois, un congé d'un mois sans retenue peut être accordé à ceux qui n'ont joui d'aucun congé ni d'aucune autorisation d'absence pendant trois années consécutives.

Pour les congés de moins de trois mois, la retenue est de la moitié au moins et des deux tiers au plus du traitement.

Après trois mois de congé consécutifs ou non, dans la même année, l'intégralité du traitement est retenue, et le temps excédant les trois mois n'est pas compté comme service effectif pour la pension de retraite.

Si, pendant l'absence de l'employé, il y a lieu de pourvoir à des frais d'intérim, le montant en sera précompté, jusqu'à due concurrence, sur la retenue qu'il doit subir.

La durée du congé avec retenue de la moitié au moins et des deux tiers au plus du traitement peut être portée à quatre mois pour les fonctionnaires et employés exerçant hors de France, mais en Europe ou en Algérie, et à six mois pour ceux qui sont attachés au service colonial ou aux services diplomatique et consulaire hors d'Europe.

Sont affranchies de toute retenue les absences ayant pour cause l'accomplissement des devoirs imposés par la loi.

En cas d'absence pour cause de maladie dûment constatée, le fonctionnaire ou l'employé peut être autorisé à conserver l'intégralité de son traitement pendant un temps qui ne peut excéder trois mois. Pendant les trois mois suivants, il peut obtenir un congé avec la retenue de la moitié au moins et des deux tiers au plus du traitement.

Si la maladie est déterminée par l'une des causes exceptionnelles prévues aux premier et deuxième paragraphes de l'art. 11 de la loi du 9 juin 1853, le fonctionnaire peut conserver l'intégralité de son traitement jusqu'à son rétablissement ou jusqu'à sa mise à la retraite.

Les membres des cours et tribunaux qui n'ont pas joui des vacances peuvent obtenir, en une ou plusieurs fois dans l'année, un congé d'un mois sans retenue.

Ce congé pourra être de deux mois pour les magistrats composant la chambre criminelle de la Cour de cassation.

Il n'est dérogé par le présent article ni aux dispositions de l'art. 18 et 17 des décrets des 13 octobre et 24 décembre 1851, concernant la mise en disponibilité, pour défaut d'emploi, des ingénieurs des ponts-et-chaussées et des ingénieurs des mines[1], ni aux règles spéciales concernant la mise en inactivité des agents extérieurs du département des affaires étrangères[2] et des fonctionnaires de l'enseignement[3].

---

[1] *Décrets des 13 octobre et 24 décembre 1851.*

Art. 17. — L'activité comprend les ingénieurs du service ordinaire, ceux des services extraordinaires, et ceux des services détachés.

Les ingénieurs en activité ont droit à un traitement et aux indemnités attachés à leur grade et à leur fonction.

Art. 18. — La disponibilité est prononcée d'office par le ministre.

Elle comprend les ingénieurs mis en non-activité par défaut d'emploi ou pour cause de maladie ou d'infirmités temporaires, entraînant cessation de travail durant plus de trois mois.

L'ingénieur en disponibilité a droit à la moitié du traitement affecté à son grade, sans aucun accessoire. Il peut obtenir les deux tiers de ce traitement, lorsque la disponibilité a pour cause le défaut d'emploi. Il conserve ses droits à la retraite.

[2] V. l'art. 8 de l'ordonnance du 19 novembre 1823, dans l'*Appendice*. (Min. des aff. étr.)

[3] V. l'art. 3 du décret du 9 mars 1852, rapporté sous l'article suivant, le déc. du 10 janv. 1852, dans l'*Appendice* (Min. de l'Inst. pub.), et l'art. 10 de la loi du 9 juin 1853.

ART. 17. — Le fonctionnaire ou l'employé qui s'est absenté ou qui a dépassé la durée de ses vacances ou de son congé, sans autorisation, peut être privé de son traitement pendant un temps double de celui de son absence irrégulière.

Une retenue qui ne peut excéder deux mois de traitement peut être infligée, par mesure disciplinaire, dans le cas d'inconduite, de négligence ou de manquement au service.

Les dispositions du présent article ne sont applicables ni aux magistrats, qui restent soumis, quant aux peines disciplinaires, aux prescriptions des articles 50 et 56 de la loi du 22 avril 1810 [1], 35 du décret

---

[1] *Loi du 22 avril 1810, art.* 50. — Si l'avertissement reste sans effet, le juge sera soumis, par forme de discipline, à l'une des peines suivantes, savoir :

La censure simple ;

La censure avec réprimande ;

La suspension provisoire.

La censure avec réprimande emportera de droit privation de traitement pendant un mois : la suspension provisoire emportera privation de traitement pendant sa durée.

Art. 56. — Dans tous les cas, il sera rendu compte au ministre de la justice, par les procureurs généraux, de la décision prise par les cours impériales quand elles auront prononcé ou confirmé la censure avec réprimande, ou la suspension provisoire, la décision ne sera mise à exécution qu'après avoir été approuvée par le ministre de la justice. Néanmoins en cas de suspension provisoire, le juge sera tenu de s'abstenir de ses fonctions, jusqu'à ce que le ministre de la justice ait prononcé ; sans préjudice du droit que l'art. 82 du sénatus-consulte du 16 thermidor an X donne au ministre de la justice de déférer le juge inculpé à la cour de cassation, si la gravité du fait l'exige.

6

du 28 septembre 1807[1] et 3 du décret du 19 mars 1852[2], ni aux membres du corps enseignant, qui restent soumis aux art. 33 de la loi du 15 mars 1850[3] et 3 du décret du 9 mars 1852[4].

---

[1] *Décret du 28 septembre 1807, art. 35.* — Le premier président pourra appeler ceux des référendaires qui ne rempliront pas leur devoir et leur donner les avertissements nécessaires.

Il pourra même, en cas de récidive, après avoir entendu le référendaire en présence des présidents et du procureur général, le censurer.

Enfin, si, par la gravité des circonstances, il y a lieu à la privation temporaire de traitements ou à la suspension de fonctions, il en fera son rapport au ministre des finances.

[2] *Décret du 19 mars 1852, art. 3.* — Voir dans l'*Appendice* (Ministère de la justice) le texte de ce décret.

[3] *Loi du 15 mars 1850, art. 33.* — Le recteur peut, suivant les cas, réprimander, suspendre avec ou sans privation totale ou partielle de traitement pour un temps qui n'excédera pas six mois, ou révoquer l'instituteur communal.

L'instituteur révoqué est incapable d'exercer la profession d'instituteur soit public, soit libre, dans la même commune.

Le conseil académique, peut après l'avoir entendu ou dûment appelé, frapper l'instituteur communal d'une interdiction absolue, sauf appel devant le conseil supérieur de l'instruction publique dans le délai de dix jours, à partir de la notification de la décision. Cet appel n'est pas suspensif.

En cas d'urgence, le maire peut suspendre provisoirement l'instituteur communal, à charge de rendre compte dans les deux jours au recteur.

[4] *Décret du 9 mars 1852, art. 3.* — Le ministre, par délégation du Président de la République, nomme et révoque les professeurs de l'École nationale des Chartes, les inspecteurs d'académie, les membres des conseils académiques, qui procédaient précédemment de

Il n'est pas dérogé par le présent article aux dispositions des art. 20 et 21 du décret du 13 octobre 1851, concernant les ingénieurs des ponts-et-chaussées, ni à celles des art. 19 et 20 du décret du 24 décembre 1851, concernant les ingénieurs des mines [1].

l'élection; les fonctionnaires et professeurs des écoles préparatoires de médecine et de pharmacie, les fonctionnaires et professeurs de l'enseignement secondaire public, les inspecteurs primaires, les employés des bibliothèques publiques, et généralement toutes les personnes attachées à des établissements d'instruction publique appartenant à l'État.

Il prononce directement et sans recours contre les membres de l'enseignement secondaire public :

La réprimande devant le conseil académique;

La censure devant le conseil supérieur;

La mutation;

La suspension des fonctions, avec ou sans privation totale ou partielle de traitement;

La révocation.

Il peut prononcer les mêmes peines contre les membres de l'enseignement supérieur, à l'exception de la révocation, qui est prononcée sur sa proposition, par un décret du Président de la République.

[1] *Décret des* 13 *octobre et* 24 *décembre* 1851 (B. 3339, 3489.).

Art. 19. — Le congé illimité est accordé par le ministre, sur la demande des ingénieurs qui se retirent temporairement du service de l'État, pour s'attacher au service des compagnies, prendre du service à l'étranger, ou pour toute autre cause.

L'ingénieur en congé illimité ne reçoit aucun traitement. Le temps passé dans cette position lui est compté, mais pour une durée de cinq ans au plus, dans la liquidation de la retraite. Il conserve pendant la même période ses droits à l'avancement.

Après cinq ans, l'ingénieur en congé illimité est maintenu sur les

ART. 18. — La retenue prescrite par les deux articles précédents s'exerce sur les rétributions de toute nature constituant l'émolument personnel passible de la retenue de 5 0/0 aux termes du paragraphe 2 de l'art. 3 de la loi du 9 juin 1853.

ART. 19. — Les agents politiques et consulaires supportent les retenues déterminées par l'art. 3 de la loi du 9 juin 1853 sur l'intégralité des premiers 20,000 francs de leurs émoluments personnels, sur les quatre cinquièmes des seconds 20,000 francs, sur les trois cinquièmes des troisièmes 20,000 francs, sur les deux cinquièmes des quatrièmes 20,000 francs, et, enfin , sur le cinquième de tout ce qui excède 80,000 francs.

ART. 20. — Les percepteurs des contributions directes qui sont en même temps receveurs municipaux et receveurs d'établissements de bienfaisance,

cadres; mais le temps qu'il continue de passer en dehors du service de l'État ne lui compte ni pour l'avancement ni pour la retraite.

Art. 20. — Le retrait d'emploi est prononcé par le ministre comme mesure disciplinaire. L'ingénieur en retrait d'emploi ne reçoit aucun traitement, ou reçoit seulement les deux cinquièmes de son traitement d'activité , sans aucun accessoire; il conserve ses droits à la retraite.

Art. 21.—Les droits à la retraite ne sont conservés aux ingénieurs en disponibilité , en congé illimité ou en retrait d'emploi, qu'à la charge par eux de verser successivement les retenues imposées par les règlements , au profit de la caisse des pensions , et calculées sur le montant intégral du traitement d'activité de leur grade.

sent appelés au bénéfice de la loi du 9 juin 1853 pour l'ensemble de leur gestion , et soumis aux retenues prescrites par l'art. 3 de ladite loi pour la totalité de leurs émoluments personnels payés , soit sur les fonds de l'État, soit sur ceux des communes.

Les liquidations établies sur les mandats de paiement, en ce qui concerne les retenues sur les remises attribuées aux percepteurs comme agents de l'Etat, constatent et justifient les recettes à effectuer à ce titre par les receveurs des finances.

Quant aux retenues sur les émoluments des mêmes agents, en qualité de receveurs des communes et d'établissements de bienfaisance, le receveur des finances de chaque arrondissement forme , tous les trois mois , au vu des liquidations individuelles, un décompte des sommes dues pour le trimestre, et dont il fait opérer le versement. Des décomptes généraux sont établis en outre, pour l'exercice , par les soins des receveurs particuliers et du receveur général, et les résultats en sont soumis à la certification du préfet. Les décomptes trimestriels et d'exercice constituent les titres de perception.

ART. 21. — Sont affranchies des retenues prescrites par l'art. 3 de la loi du 9 juin 1853, les sommes payées à titre d'indemnité pour frais de représentation et de stations navales, de gratifications éventuelles, de salaire de travail extraordinaire, d'indemnités pour missions extraordinaires, d'indemnités de perte, de frais de voyage, d'abonnements et d'alloca-

6.

tions pour frais de bureau, de régie, de table et de loyer, de supplément de traitement colonial et de remboursement de dépenses.

Sont considérées comme payées à titre de frais de voyage les indemnités attribuées aux présidents d'assises, et comme payées à titre de frais de bureau les indemnités attribuées aux procureurs impériaux des chefs-lieux de département et aux juges de paix de Paris pour traitements des secrétaires.

ART. 22. — Pour les fonctionnaires et employés envoyés d'Europe dans l'Algérie ou dans les colonies, le traitement normal assujéti à la retenue est fixé, dans chaque grade, d'après le traitement de l'emploi correspondant, ou qui lui est assimilé en France. Dans les emplois qui se divisent en plusieurs classes en France et qui ne sont pas soumis, dans les colonies, à cette classification, le traitement normal est réglé d'après celui de la première classe du grade en France. Le surplus constitue le supplément de traitement colonial, qui est exempt de la retenue.

ART. 23. — Pour les fonctionnaires et employés qui sont rétribués par des remises et des salaires variables, la retenue du premier douzième des augmentations s'exerce en se reportant au dernier prélèvement subi par le titulaire, soit à titre de premier mois de traitement, soit à titre du premier douzième d'augmentation, et la différence existant entre la moyenne du traitement frappé de la dernière retenue et celle des émoluments afférents au nouvel emploi constitue l'augmentation passible de la retenue du premier douzième.

Art. 24. — Les prélèvements sur les amendes et confiscations en matière de douanes, de contributions indirectes et de postes, qui doivent être versés au Trésor au compte des pensions civiles, aux termes de l'art. 35 de la loi du 9 juin 1853, sont exercés dans les proportions déterminées au tableau ci-annexé sous le n° 2.

Art. 25. — Le fonctionnaire démissionnaire, révoqué ou destitué, s'il est réadmis dans un emploi assujéti à la retenue, subit de nouveau la retenue du premier mois de son traitement et celle du premier douzième des augmentations ultérieures.

Celui qui, par mesure disciplinaire ou par mutation volontaire d'emploi, est descendu à un traitement inférieur, subit la retenue du premier douzième des augmentations ultérieures.

Le fonctionnaire placé dans la situation indiquée par le dernier paragraphe de l'art. 10 de la loi du 9 juin 1853 est assujéti à la retenue sur son traitement d'inactivité ; mais il ne subit pas la retenue du premier douzième lorsqu'il est rappelé à un emploi actif.

COMPOSITION DU TRAITEMENT MOYEN.

ART. 26. — Pour déterminer la base de liquidation des pensions des conseillers référendaires de la cour des comptes, on divise par leur nombre le fonds annuel qui leur est réparti à titre de préciput et de récompense de travaux.

La somme produite par cette division est réunie au traitement fixe, pour former le total des émolùments sur lesquels la pension est liquidée.

Le montant annuel des salaires payés aux courriers et postulants courriers des postes est divisé par leur nombre, et le produit de cette division forme le traitement moyen à prendre pour base du calcul de la pension des agents de cette classe.

A l'égard des principaux des colléges communaux qui administrent le pensionnat à leur compte, le traitement moyen est réglé sur le traitement du régent le mieux rétribué surévalué d'un quart.

ART. 27. — A l'égard des agents extérieurs du département des affaires étrangères et des fonctionnaires de l'enseignement qui sont admis à la retraite dans la position d'inactivité prévue par le quatrième paragraphe de l'art. 10 de la loi du 9 juin 1853, le traitement moyen s'établit sur les six années des services qu'ils ont rendus, comme titulaires d'emploi, avant leur mise en inactivité.

Art. 28. — Le traitement moyen des agents qui sont rétribués par des salaires ou remises variables sujettes à liquidation est établi sur les six années antérieures à celle dans le cours de laquelle cesse l'activité.

TITRE III.

JUSTIFICATION DU DROIT A PENSION, MODE DE LIQUIDATION.

Art. 29. — L'admission du fonctionnaire à faire valoir ses droits à la retraite est prononcée par l'autorité qui, aux termes des règlements, a qualité pour prononcer sa révocation.

L'acte d'admission à la retraite spéficie les circonstances qui donnent ouverture au droit à la pension, et indique les articles de la loi applicables au fonctionnaire.

Art. 30. — Lorsque l'admission à la retraite a lieu avant l'accomplissement de la condition d'âge imposée par l'art. 5 de la loi du 9 juin 1853, cette admission est prononcée dans les formes suivantes :

Si l'impossibilité d'être maintenu en activité résulte pour le fonctionnaire d'un état d'invalidité morale, inappréciable pour les hommes de l'art, sa situation est constatée par un rapport de ses supérieurs dans l'ordre hiérarchique.

Si l'incapacité de servir est le résultat de l'invalidité physique du fonctionnaire, l'acte prononçant son admission à la retraite doit être appuyé, indépendamment des justifications ci-dessus spécifiées, d'un certificat des médecins qui lui ont donné leurs soins, et d'une attestation d'un médecin désigné par l'administration et assermenté, qui déclare que le fonctionnaire est hors d'état de continuer utilement l'exercice de son emploi.

Art. 31.—Le fonctionnaire admis à la retraite doit produire, indépendamment de son acte de naissance et d'une déclaration de domicile,

1° Pour la justification des services civils :

Un extrait dûment certifié des registres et sommiers de l'administration ou du ministère auquel il a appartenu, énonçant ses nom et prénoms, sa qualité, la date et le lieu de sa naissance, la date de son entrée dans l'emploi avec traitement, la série de ses grades et services, l'époque et les motifs de leur cessation et le montant du traitement dont il a joui pendant chacune des six dernières années de son activité.

Cet extrait est dressé dans la forme du modèle ci-annexé sous le n° 3.

Lorsqu'il n'aura pas existé de registres, ou que tous les services administratifs ne se trouveront pas inscrits sur les registres existants, il y sera suppléé, soit par un certificat du chef ou des chefs compétents des administrations où l'employé aura servi, relatant les indications ci-dessus énoncées, soit par un extrait des comptes et états d'émargement certifié par le greffier de la Cour des comptes.

Les services civils rendus hors d'Europe sont constatés par un certificat distinct délivré par le ministre compétent. Ce certificat, conforme au modèle ci-annexé sous le nº 4, énonce, pour chaque mutation d'emploi, le traitement normal du grade et le supplément accordé à titre de traitement colonial.

A défaut de ces justifications, et lorsque, pour cause de destruction des archives dont on aurait pu les extraire ou du décès des fonctionnaires supérieurs, l'impossibilité de les produire aura été prouvée, les services pourront être constatés par acte de notoriété.

2º Pour la justification des services militaires de terre et de mer :

Un certificat directement émané du ministère de la guerre ou de celui de la marine.

Les actes de notoriété, les congés de réforme et les actes de licenciement ne sont pas admis pour la justification des services militaires. Lorsque des actes de cette nature sont produits, ils sont renvoyés au ministère de la guerre ou à celui de la marine, qui les remplace, s'il y a lieu, par un certificat authentique.

Les services des employés de préfectures et de sous-préfectures sont justifiés par un certificat du préfet ou du sous-préfet, constatant que le titulaire a été rétribué sur des fonds d'abonnement, et ce certificat doit être visé par le ministre de l'intérieur.

Art. 32. — Les veuves prétendant à pension fournissent, indépendamment des pièces que leur mari aurait été tenu de produire :

1° Leur acte de naissance ;

2° L'acte de décès de l'employé ou du pensionnaire ;

3° L'acte de célébration du mariage ;

4° Un certificat de non-séparation de corps, et, si le mariage est antérieur à la loi du 8 mai 1816, un certificat de non-divorce [1] ;

5° Dans le cas où il y aurait eu séparation de corps, la veuve doit justifier que cette séparation a été prononcée sur sa demande [2].

Les orphelins prétendant à pension fournissent, indépendamment des pièces que leur père aurait été tenu de produire :

1° Leur acte de naissance ;

2° L'acte de décès de leur père ,

3° L'acte de célébration de mariage de leurs père et mère ;

4° Une expédition ou un extrait de l'acte de tutelle ;

---

[1] Ce certificat ne peut être délivré que par le greffier du tribunal du domicile des époux.

[1] Cette justification devra se faire par la production d'une expédition du jugement qui a prononcé la séparation.

5° En cas de prédécès de la mère, son acte de décès ;

En cas de séparation de corps, expédition du jugement qui a prononcé la séparation ou un certificat du greffier du tribunal qui a rendu le jugement ;

En cas de second mariage, acte de célébration.

Les veuves ou orphelins prétendant à pension produisent le brevet délivré à leur mari ou père, lorsqu'il est décédé en jouissance de pension, ou une déclaration constatant la perte de ce titre.

Art. 33. — Si le fonctionnaire a été justiciable direct de la cour des comptes, soit en deniers, soit en matières, il doit produire un certificat de la comptabilité générale des finances ou du ministère compétent, constatant, sauf justification ultérieure du *quitus* de la cour des comptes, que la vérification provisoire de sa gestion ne révèle aucun débet à sa charge.

Si le prétendant à pension n'est pas justiciable direct de la cour des comptes, sa situation en fin de gestion est constatée par un certificat du comptable supérieur duquel il relève.

Art. 34. — Les enfants orphelins des fonctionnaires décédés pensionnaires ne peuvent obtenir des secours à titre de réversion qu'autant que le mariage dont ils sont issus a précédé la mise en retraite de leur père.

Art. 35. — Dans les cas spécifiés aux paragraphes 1er et 2 de l'art. 11, 1er et 2 de l'art. 14 de la loi

7

du 9 juin 1853, l'événement donnant ouverture au droit à pension doit être constaté par un procès-verbal en due forme dressé sur les lieux et au moment où il est survenu. A défaut de procès-verbal, cette constatation peut s'établir par un acte de notoriété rédigé sur la déclaration des témoins de l'événement ou des personnes qui ont été à même d'en connaître et d'en apprécier les conséquences. Cet acte doit être corroboré par les attestations conformes de l'autorité municipale et des supérieurs immédiats du fonctionnaire.

Dans le cas d'infirmités prévu par le troisième paragraphe de l'art. 11 de la loi du 9 juin, ces infirmités et leurs causes sont constatées par les médecins qui ont donné leurs soins au fonctionnaire et par un médecin désigné par l'administration et assermenté. Ces certificats doivent être corroborés par l'attestation de l'autorité municipale et celle des supérieurs immédiats du fonctionnaire.

Art. 36. — Dans les cas exceptionnels prévus par les premier et deuxième paragraphes dudit art. 11, il est tenu compte à l'employé de ses services militaires de terre et de mer, suivant le mode spécial de rémunération réglé par l'art. 8 de la loi, indépendamment de la liquidation déterminée pour les services civils par les deux premiers paragraphes de l'art. 12.

La liquidation s'établit, dans les mêmes cas, sur le

traitement moyen, lorsqu'il est plus favorable à l'employé que le dernier traitement d'activité.

Art. 37. — Les fonctionnaires et employés classés dans la partie active qui, antérieurement à la loi du 9 juin 1853, ne subissaient pas de retenues et n'étaient pas placés sous le régime des loi et décret des 22 août 1790 et 13 septembre 1806, sont liquidés à raison de 1/100 du traitement moyen pour chaque année de services assujétis à la retenue dans la partie active, et le montant de la pension ainsi fixée est augmenté de 1/25 par chacune des années liquidées [1].

TITRE IV.

DISPOSITIONS D'ORDRE ET DE COMPTABILITÉ.

Art. 38. — En exécution de l'art. 20 de la loi du 9 juin 1853, le ministre des finances arrête, chaque année, dans les premiers jours de janvier, l'état des extinctions réalisées dans le cours de l'année précédente, et dont le montant sert de base pour la fixation du crédit d'inscription de l'année courante.

---

[1] Nous avons donné, dans le commentaire de l'art. 19, n° 4, de la loi du 9 juin 1853, l'exemple d'une liquidation analogue à celle quindique cet article. V. *suprà.*

Un décret rendu sur le rapport du ministre des finances détermine :

1° La somme jusqu'à concurrence de laquelle ce crédit est employé ;

2° La portion afférente à chacun des départements ministériels.

ART. 39. — Le compte à rendre annuellement, lors de la présentation de la loi du budget, en exécution de l'art. 21 de la loi du 9 juin 1853, comprend par ministère, et avec la distinction des pensions d'employés, de veuves et d'orphelins :

1° L'emploi du crédit d'inscription qui a été déterminé conformément aux dispositions de l'article précédent ;

2° La situation, par accroissement et décroissement, des pensions concédées et inscrites au 31 décembre de l'année expirée pour services terminés avant le 1er janvier 1854 ;

3° La situation, par accroissement et décroissement, des pensions concédées et inscrites à la même date pour services terminés postérieurement au 1er janvier 1854.

ART. 40. — En exécution de l'art. 24 de la loi du 9 juin 1853, le ministre compétent réunit les pièces justificatives du droit à pension, arrête la liquidation, et, après l'avoir communiquée au ministre des finances, la soumet, avec l'avis de ce ministre, à l'examen de la section des finances du conseil d'État.

Sur l'avis de cette section, le ministre liquidateur prépare le décret de concession, qui doit être contresigné par le ministre des finances.

Art. 41. — Les décrets de concession, conformes au modèle ci-annexé sous le n° 5, mentionnent les nom, prénoms, grade, date et lieu de naissance du pensionnaire, la nature et la durée de ses services, la date des lois, décrets et ordonnances· réglementaires en vertu desquels la pension a été liquidée, la quotité du traitement qui a servi de base à la liquidation, la part de rémunération afférente aux services militaires et celle afférente aux services civils, la limitation au maximum, la quotité de la pension, la date d'entrée en jouissance et le domicile de la partie. Ces décrets indiquent, en outre, la date de l'avis rendu par la section des finances, et, s'il y a lieu, celle de l'avis du conseil d'État.

Lorsque ces décrets sont collectifs, ils doivent être divisés en deux catégories, comprenant distinctement les pensions pour services terminés avant le 1er janvier 1854 et celles concédées pour services terminés postérieurement à cette date.

Art. 42.—La date de la présentation de la demande en liquidation est constatée par son inscription sur un registre spécial tenu dans chaque ministère. Un bulletin de cette inscription est délivré à la partie intéressée.

Art. 43.— Lorsqu'un fonctionnaire dont la pension

est liquidée ou inscrite se trouve dans l'un des cas prévus par les deux derniers paragraphes de l'art. 27 de la loi du 9 juin 1853, sa perte du droit à la pension est prononcée par un décret rendu sur la proposition du ministre des finances, après avoir pris l'avis du ministre liquidateur et après avoir consulté la section des finances du conseil d'État.

ART. 44.— Lorsqu'un pensionnaire est remis en activité, il en est immédiatement donné avis par le ministre compétent au ministre des finances, pour que le paiement de la pension soit suspendu ou pour qu'il soit fait application des dispositions de l'art. 31 de la loi du 9 juin relatives au cumul.

ART. 45. — Lorsqu'un fonctionnaire a disparu de son domicile, et que plus de trois ans se sont écoulés sans qu'il ait réclamé les arrérages de sa pension, sa femme ou les enfants qu'il a laissés peuvent obtenir, à titre provisoire, la liquidation des droits de réversion qui leur seraient ouverts par les art. 13 et 16 de la loi du 9 juin 1853 en cas du décès dudit fonctionnaire.

ART. 46. — Tout titulaire d'une pension inscrite au Trésor doit produire, pour le paiement, un certificat de vie délivré par un notaire, conformément à l'ordonnance du 6 juin 1839 [1], lequel certificat contient,

[1] Tous les notaires du royaume, indistinctement, sont autorisés à délivrer les certificats de vie nécessaires pour le paiement des rentes viagères et pensions sur l'État (ord. des 6 juin, 9 juillet 1839).

Les formules timbrées des certificats de vie pour les rentes viagères

en exécution des art. 14 et 15 de la loi du 15 mai 1818, la déclaration relative au cumul.

La rétribution fixée par le décret du 21 août 1806 et l'ordonnance du 20 juin 1817, pour la délivrance des certificats de vie, est modifiée ainsi qu'il suit :

Pour chaque trimestre à percevoir :

De 600 fr. et au-dessus. . .	0 fr.	50 c.
De 600 à 301 fr.	0	35
De 300 à 101 fr.	0	25
De 100 à 50 fr.	0	20
Au-dessous de 50 fr. . . .	0	00

Art. 47. — Lorsque l'intérêt du service l'exige, le fonctionnaire admis à faire valoir ses droits à la retraite peut être maintenu momentanément en activité,

et pensions sur l'État sont remises aux notaires par les préposés du Trésor.

Les certificats de vie des pensionnaires qui résident dans les colonies françaises sont délivrés par les notaires coloniaux, en se conformant aux dispositions du décret du 21 août 1806, art. 1er, et de plus avec la légalisation du président du tribunal dans le ressort duquel ils exercent.

Ceux des rentiers et pensionnaires résidant hors du royaume sont délivrés par les chancelleries des légations et consulats français, ou par les magistrats du lieu, dans le cas où le domicile desdits pensionnaires serait éloigné de plus de six lieues de la résidence des ambassadeurs, envoyés ou consuls français : ces certificats sont admis au Trésor public revêtus de la légalisation des agents diplomatiques français, ou de ceux des puissances étrangères et amies résidant dans ces pays.

V. Dumesnil, *Man. des pensionn. de l'État.* p. 95 et suiv.

sans que la prolongation de ses services puisse donner lieu à un supplément de liquidation. Dans ce cas, la jouissance de sa pension part du jour de la cessation effective du traitement.

TABLEAU N° 1.

MINISTÈRE d

CAISSE DE RETRAITE d

Tableau des pensions imputées sur les fonds de la caisse des retraites de et qui doivent être inscrites au grand-livre *de la dette publique, à partir du 1er janvier 1854, en exécution de l'art. 2 de la loi du 9 juin 1853 sur les pensions civiles.*

| NUMÉROS | | NOMS et prénoms des pensionnaires. | GRADE ou emploi. | DATE et lieu de naissance. | MOTIFS de la concession | DURÉE des services. | PENSION annuelle | DATE de jouissance | LOIS, ARRÊTÉS, ordonnnances ou décrets de concession. | | LOIS, ordonnances, décrets ou arrêtés pris pour base de la liquidation. | DOMICILE des pensionnaires | OBSERVATIONS. |
d'ordre.	d'inscription.								Nature de l'acte constitutif	Date.			
						1re CATÉGORIE. — *Pensions liquidées et en cours de paiement au 1er janvier 1854.*							
						TOTAL..							
						2e CATÉGORIE. — *Pensions liquidées, mais dont le paiement est suspendu pour cause de remplacement des titulaires ou pour tout autre motif.*							
						TOTAL..							

RÉCAPITULATION.

1re catégorie. . . .   Pensions montant à. . . .
2e catégorie. . . .   Pensions montant à. . . .
     Total général. .   Pensions montant à. . . .

TABLEAU portant fixation des prélèvements à exercer pour le service des pensions, sur les amendes, les saisies et les confiscations en matières de douanes, de contributions indirectes et de postes.

DOUANES.

PRODUIT NET DES AMENDES, SAISIES ET CONFISCATIONS.

Affaires suivies à la requête des douanes.	Toutes saisies ou contraventions en matière ordinaire (sans exception).	17 0/0 du produit net. 25 0/0 sur les parts dévolues au fonds commun, aux chefs et saisissants, en tant que ces derniers font partie du département des finances.	Ordonnance du 21 mai 1817. Arrêté du gouvernement en date du 29 mars 1849.
	Saisies constatées en vertu du titre vi de la loi du 28 avril 1816.	17 0/0 du produit net. 25 0/0 sur les parts dévolues à la caisse de réserve, au fonds commun, aux chefs et aux saisissants, en tant que ces derniers font partie du département des finances.	Arrêté du 9 fructidor an v (article 17). Ordonnance du 17 juillet 1816. Arrêté du gouvernement en date du 29 mars 1849.
	Saisies de poudres à feu effectuées à l'importation. Produit net des préemptions.	25 0/0.	Loi du 13 fructidor an v (article 23). Ordonnance du 21 mai 1817. Décision ministérielle du 10 juin 1848. Décision administrative du 10 juil. 1849.
	Produit net des amendes adjugées à titre de réparations civiles, à l'occasion d'actes de rébellion et voies de fait exercés contre les préposés des douanes.	25 0/0 à exercer exclusivement sur les parts dévolues aux employés qui ont éprouvé les sévices et au receveur poursuivant.	Arrêté du 9 fructidor an v (art. 22).
	Produit net des amendes édictées pour simple fait d'injures et opposition. .	17 0/0 sur le produit net. . . . . 25 0/0 sur les parts des chefs et verbalisants.	Ordonnance du 21 mai 1817. Décision administrative du 28 octobre 1840.
	Saisies faites par des étrangers aux administrations financières.	17 0/0 sur le produit net.	Arrêté du 9 fruct. an v. Ordonnance du 21 mai 1817. Circulaire du 25 du même mois.
Affaires suivies à la requête d'autres administrations.	Sur la portion allouée aux employés des douanes, lorsque l'administration poursuivante n'a pas déjà effectué elle-même le prélèvement.	25 0/0 de la somme allouée aux employés.	Ord. du 21 mai 1817. Arrêté du 29 mars 1849. Décision ministérielle du 7 novembre 1827. Décision ministérielle du 29 juin 1841.

CONTRIBUTIONS INDIRECTES.

Produit net des amendes, saisies et confiscations.	**Affaires suivies à la requête de la régie des contributions indirectes.**	Quand les saisissants sont tous admis au partage.......	1/4 du prod. net.	Art. 1er de l'arrêté ministériel du 17 octobre 1816.
		Quand les saisissants sont tous exclus du partage......	1/3 du prod. net.	Art. 240 de la loi du 28 avril 1816. Art. 4 de l'arrêté ministériel du 17 octobre 1816.
		Quand une partie des saisissants (les préposés étrangers à la régie) est admise au partage, et quand l'autre partie (les employés de la régie et certains magistrats) est exclue du partage....	1/4 du prod. net.	Art. 1er de l'arrêté ministériel du 17 octobre 1816. Décis. ministérielle du 28 octob. 1832.
		Et de plus sur la somme qui est déterminée, quant aux employés de la régie et aux magistrats, comme si les uns et les autres étaient admis au partage......	1/3 de la somme allouée aux employés et aux magistrats	Art. 240 de la loi du 28 avril 1816. Art. 4 de l'arrêté ministériel du 17 octobre 1816. Décision ministér. du 22 octobre 1832.
		Sur le montant de la confiscation en matière de garantie.........	1/40 de la valeur des objets confisqués....	Art. 104 de la loi du 19 brumaire an VI. Décis. ministérielle du 11 octob. 1822.
	Affaires suivies à la requête d'autres administrations.	Sur la portion allouée aux employés de la régie, lorsque l'administration poursuivante n'a pas déjà effectué elle-même le prélèvement.......	1/4 de la somme allouée aux employés...	Article 1er de l'arrêté ministériel du 17 octob. 1816. Décision ministérielle du 7 novembre 1827. Décision ministér. du 19 juin 1841.
Acquits-à-caution non déchargés ou incomplétement déchargés.		Vins, cidres, poirés et hydromels............	Le quintuple droit......	
		Eaux-de-vie, esprits, liqueurs et fruits à l'eau-de-vie.......		
		Sels.................	Le second droit.	Article 6 de l'ordonn. du 6 sept. 1815.
		Sucres.		
		Tabacs fabriqués (exportation)...	Moitié de la somme à exiger des soumissionnaires	
		Poudres à feu (exportation)....		

POSTES.

La totalité des amendes imposées aux entrepreneurs du transport des dépêches, par application du cahier des charges de l'adjudication du transport des lettres, et celles imposées aux directeurs et employés.

<table>
<tr><td>

EXTRAIT
DES REGISTRES
du personnel.
—
REGISTRE
n°

</td><td>

MINISTÈRE de

</td><td>

TABLEAU N. 3.

</td></tr>
</table>

ÉTAT des services de M.

ex-   à   *département d*
né le   à   *département d*
entré en fonctions le   *et admis à faire valoir*
ses droits à la retraite à partir du

LIEUX où les fonctions ont été exercées.		NATURE des fonctions et emplois.	DATES de l'entrée en exercice.	DURÉE des services.			OBSERVATIONS.
Départements.	Résidences.			Ans.	Mois.	Jours.	
A DÉDUIRE.	Surnumérariat...		...				
	Service avant l'âge de 20 ans......		...				
	Interruptions. {		... ...				
	SERVICES effectifs admissibles. ..						

Traitement fixe de chacune des   *dernières années d'activité.*

	Ans.	Mois.	Jours.	
Du				A raison de par année.
Du				
Total. ...				....
				L'année moyenne est de

Vu :
           Pour extrait conforme au registre du personnel et aux états de traitement du ministère de

Le   Paris, ce   18 .
                       Le

EXTRAIT
DES REGISTRES
du personnel.

REGISTRE
n.

MINISTÈRE de

TABLEAU N. 4.

SERVICES CIVILS RENDUS HORS D'EUROPE.
(Art. 10 de la loi du 9 juin 1853.)

État des services de M.

ex-   à   *département d*
né le   à   *département d*
entré en fonctions le
et dont l'activité hors d'Europe a cessé le

LIEUX où les fonctions ont été exercées.	NATURE des fonctions et emplois.	DATES de l'entrée en exercice	DURÉE des services.			TRAITEMENT normal du grade.	SUPPLÉMENT accordé à titre de traitement colonial.	OBSERVA-TIONS.
			Ans.	Mois.	Jours.			
À DÉDUIRE : Surnumérariat....		...						
Service avant l'âge de 20 ans......		...						
Interruptions.		...						
		...						
Services effectifs admissibles.								
Bonification de moitié en sus.								
Total.......								

Traitement normal de chacune des   dernières années d'activité.

	Ans.	Mois.	Jours.		
Du				A raison de par année..........	
Du					
Total.......				....	
				L'année moyenne est de......	

Vu :

Pour extrait conforme aux registres du personnel et aux états de
traitement du ministère de

Le   Paris, ce   18 .

Le

Tableau n. 5.

NAPOLÉON, par la grâce de Dieu et la volonté nationale, Empereur des Français, à tous présents et à venir, salut.

Vu les articles   de la loi du 9 juin 1853, sur les pensions civiles :

Vu (*viser les lois et règlements spéciaux applicables*) ;

Vu l'avis de notre ministre secrétaire d'État des finances, en date du   , portant qu'il a reconnu la légalité des liquidations comprises dans le présent décret et la pos-

NUMÉROS D'ORDRE.	NOMS ET PRÉNOMS des pensionnaires.	DATES ET LIEUX de naissance.	GRADES.	NATURE et DURÉE DES SERVICES.	DATES des LOIS, DÉCRÉTS et ORDONNANCES en vertu desquels la pension a été liquidée

ART. 2. — Ces pensions seront inscrites au trésor public avec jouissance du jour indiqué à chaque article du tableau qui précède.

ART. 3. — Nos ministres secrétaires d'État aux départements de   et des finances sont chargés, chacun en ce qui le concerne, de l'exécution du présent décret, qui sera inséré au Bulletin des lois.

sibilité d'en imputer le montant sur le crédit d'inscription ouvert

La section des finances de notre conseil d'État entendue ;

Sur le rapport de notre ministre secrétaire d'État au département de

Avons décrété et décrétons ce qui suit :

ART. 1er. — Les   liquidations de pensions civiles comprises pour une somme totale de
au tableau ci-après sont approuvées.

LIQUIDATION			LIMITA-TION de la pension au maximum du grade.	QUOTITÉ re-versible aux veuves ou aux orphe-lins.	FIXATION dé-finitive de la pension.	DATES de jouis-sance.	DOMICILE des PENSIONNAIRES.	OBSERVA-TIONS.
des servi-ces mili-taires.	des servi-ces civils.	TOTAL.						
				TOTAL.				

Fait à

Par l'Empereur :

Le ministre secrétaire d'État au département des finances,   *Le ministre secrétaire d'État au*

PENSIONS ECCLÉSIASTIQUES.

—

ANCIENNES PENSIONS ECCLÉSIASTIQUES.

Dans notre ancien droit, on appelait pension ecclésiastique ou sur un bénéfice une portion de fruits et du revenu d'un bénéfice, assignée par l'autorité du pape et pour cause légitime à un autre que le titulaire du bénéfice.

Après le concordat de Léon X et de François Ier, le roi de France reprit avec le droit de nomination aux bénéfices celui d'attribuer les pensions. Elles ne devaient jamais excéder le tiers du revenu, les deux tiers devant toujours rester au titulaire.

L'Assemblée constituante, dans la séance du 2 novembre 1789, décréta que tous les biens ecclésiastiques seraient mis à la disposition de la nation, à la charge de pourvoir d'une manière convenable aux frais du culte, *à l'entretien de ses ministres* et au soulagement des pauvres.

Par une loi du 19 février 1790 elle déclara que la loi constitutionnelle du royaume ne reconnaissait plus de vœux monastiques solennels de personnes de l'un et de l'autre sexe, en conséquence les ordres et congrégations régulières dans lesquels on faisait de pareils vœux furent supprimés en France. On pourvut par une pension convenable au sort de tous les individus de l'un et de l'autre sexe existants dans les monastères et maisons religieuses supprimés.

Les pensions ecclésiastiques ne furent donc que la conséquence naturelle de l'envahissement des biens du clergé et de la suppression des ordres monastiques. Elles furent accordées aux archevêques, évêques, aux chanoines prébendés ou semi-prébendés, aux officiers ecclésiastiques pourvus de titres dans les chapitres supprimés; à tous autres bénéficiers, comme abbés, prieurs, etc., aux curés qui avaient des bénéfices, aux religieux et religieuses de tous ordres.

Les religieux et religieuses avaient apporté des dots en entrant dans de certains ordres monastiques, la pension qu'on leur accordait n'était donc qu'une juste indemnité du toit qui les mettait à l'abri, de l'asile où ils passaient leurs jours, de la propriété commune qu'on leur ravissait.

Quant aux bénéficiers, la loi qui les privait de leurs revenus n'avait pas le droit de les affranchir de leurs engagements spirituels, il parut juste de leur donner un salaire qui leur tînt lieu du revenu supprimé. Leur caractère sacré ne leur permettant pas d'embrasser une profession civile, il fallait bien les nourrir, puisqu'on leur ôtait tout moyen d'existence. Il ne fallait pas laisser sans ressources dans le monde ceux qu'on y renvoyait sans fonctions.

Et ce qui prouve bien que ce fut là l'esprit de la loi, c'est que les prêtres qui n'avaient pas de bénéfice n'eurent point de pensions, parce qu'ils furent considérés comme ne remplissant aucune fonction religieuse particulière. Vivant sans le secours d'un bénéfice, il furent censés jouir d'un patrimoine qui suffisait à leurs besoins [1].

Les pensions ecclésiastiques ont donc été inscrites pour indemnités de pertes d'état et de possession de biens : elles ne sont plus désormais susceptibles d'accroissement, car suivant un avis du comité des finances du conseil d'État, en date du 9 février 1831, approuvé par le ministre des finances, le 19 avril suivant, la prescription trentenaire est opposable aux demandes de concession de pensions ecclésiastiques qui remontent à plus de trente années, à partir de la cause qui a ouvert le droit à la pension réclamée [2].

Elles figuraient sur le budget de 1817 pour 15,114,414 fr.; elles ne sont plus sur celui de 1853 que de 220,000 fr.

---

[1] Opinion de Chateaubriand et de Lally-Tolendal devant la Chambre des pairs. *Moniteur* du 19 mars 1816.

[2] DUMESNIL, p. 208.

PENSIONS EN FAVEUR DES PRÊTRES AGÉS ET INFIRMES.

RAPPORT *de M. le ministre de l'instruction publique et des cultes, à l'Empereur,* et DÉCRET *de Sa Majesté sur les pensions à accorder aux prêtres âgés et infirmes.*

RAPPORT A L'EMPEREUR.

Paris, le 28 juin 1853.

SIRE, Votre Majesté m'a ordonné d'étudier les mesures qui permettraient d'apporter quelque adoucissement à la position précaire des prêtres que l'âge ou les infirmités obligent à résigner leurs fonctions. La pensée de venir en aide à la vieillesse du clergé remonte à l'époque du rétablissement du culte; mais les essais divers qui ont été tentés jusqu'à ce jour sont demeurés stériles ou incomplets [1]. On n'avait pas assez réfléchi à la position particulière qui résulte pour le prêtre de la nature même de la mission qu'il remplit. On oubliait qu'en entrant dans les ordres, il s'engage pour la vie ; que, même après une carrière déjà longue, il est encore lié envers l'Église par son vœu, et que l'évêque seul, et non l'État, est investi du droit d'accorder le repos à sa vieillesse. D'un autre côté, on admettait trop facilement la possibilité de prélever

[1] V. le décret du 13 thermidor an XIII rapporté plus bas.

au profit des fonds de retraite une partie du traitement des ministres de la religion, à peine suffisant pour la plupart, et, en tous cas, trop faible pour subir des retenues qui, dans les paroisses pauvres, tariraient la source de l'aumône. Enfin, on ne songeait pas que les évêques, qui ont toujours regardé comme appartenant à leur charge épiscopale le soin charitable de subvenir aux besoins de leur clergé, ne pouvaient pas se décharger entièrement de ce devoir sur l'autorité civile, bien qu'ils acceptent son concours avec reconnaissance.

Votre gouvernement, mieux éclairé, a respecté la tradition de l'Église et les devoirs particuliers du sacerdoce, en ne l'assimilant pas aux fonctions comprises dans la loi sur les pensions civiles [1]. De graves motifs n'avaient pas permis d'étendre à l'armée les dispositions de cette loi; les raisons que je viens de rappeler commandaient avec non moins de force d'en excepter le clergé. La sollicitude de l'État pour le clergé ne peut se produire que par des actes d'une libéralité continue qui soulagent la vieillesse ou les infirmités du prêtre, sans supposer des versements antérieurs qui constitueraient un droit acquis. Les concessions ne doivent avoir lieu que sur l'avis de l'évêque, parce qu'il est chef de la hiérarchie, le gardien de la discipline et le défenseur naturel du clergé de son diocèse.

Le budget de l'administration des cultes, au cha-

---

[1] V. l'art. 3 de la loi du 9 juin 1853 et les notes, p. 45.

pitre des secours personnels, comprend un crédit qui, pour l'exercice 1851, est de 765,000 fr., et qui, à d'autres époques, s'est élevé à un million. Sur ce crédit, une somme de plus de 500,000 fr. est distribuée à des ecclésiastiques pauvres, à qui l'autorité diocésaine a permis de résigner leurs fonctions. En réunissant le montant de cette subvention aux ressources importantes créées par le décret du 22 janvier 1852, et aux produits des donations privées, il serait possible de constituer un fonds annuel suffisant pour venir en aide d'une manière permanente aux besoins les mieux constatés.

Les secours accordés aujourd'hui par l'administration des cultes sont éventuels; chaque année la demande doit en être renouvelée par l'ecclésiastique entre les mains de l'évêque diocésain, qui transmet au ministère un état de proposition[1]. Mais j'ai reconnu qu'on pouvait simplifier ces formalités peu utiles, et donner à ces allocations le caractère et la forme de pensions qui, unefois concédées, seraient servies régulièrement. Les prêtres en retraite obtiendraient par là une garantie précieuse pour le repos de leur vieillesse, sans que les charges du trésor fussent augmentées.

---

[1] V. les circulaires du ministre de l'instruction publique et des cultes à NN. SS. les archevêques et évêques, relatives à la formation par eux des états de proposition pour les secours à accorder aux anciens prêtres, aux anciennes religieuses, aux curés et aux desservants en retraite. *Bulletin des lois civiles ecclésiastiques,* 1849, p. 54 et 170; 1850, p. 173; 1851, p. 98; 1852, p. 99; 1853, p. 111.

En supposant que la moyenne des pensions ne dé-
passât pas la moyenne des secours alloués présente-
ment, l'administration disposerait, dès aujourd'hui,
de 2,400 pensions environ qui seraient à répartir
entre les diocèses sur la demande des évêques et d'a-
près l'étendue des besoins. Bien que le chiffre paraisse
peu élevé quand on le compare à celui des retraites
accordées sur fonds de retenue, les misères si imparfaitement secourues par les caisses particulières qui
sont établies dans quelques diocèses éprouveraient
un allégement notable[1]; ce serait un nouveau bienfait
qui ferait bénir votre nom par le clergé des campagnes.

Les pensions seraient servies par une caisse générale, dont les ressources se composeraient comme il a
été dit plus haut. En aucun cas, elles ne pourraient
excéder les revenus de la caisse pendant l'année. M. le
ministre des finances, avec lequel j'ai dû me concerter,
réclame formellement cette disposition comme la garantie du Trésor contre toute demande de subvention
nouvelle. Toutes les opérations concernant soit le recouvrement des revenus de la caisse, soit le paiement
des arrérages des pensions, seraient confiées au directeur de la caisse des dépôts et consignations, qui res-
tera chargé de plusieurs services analogues, même
après la mise en vigueur de la loi sur les pensions
civiles.

Établie sur les bases qui viennent d'être définies,

[1] V. l'art. 3 de la loi du 9 juin 1853 et les notes, p. 45.

la caisse des retraites du clergé répondra, je l'espère, aux intentions généreuses de Votre Majesté. Autant que le permettent les intérêts du Trésor, vous aurez, sans compromettre la discipline ecclésiastique, acquitté la dette du pays envers les vieux serviteurs de l'Église et de l'État.

J'ai l'honneur, en conséquence, de soumettre à l'approbation de Votre Majesté le projet de décret ci-joint :

DÉCRET.

Napoléon, etc., etc. — Sur le rapport de notre ministre secrétaire d'État de l'instruction publique et des cultes, — vu le décret du 13 thermidor an XIII[1], — vu l'art. 8 du décret du 22 janvier 1852[2];

Considérant qu'il importe à la dignité de l'État autant qu'à celle du clergé de ne pas laisser sans secours les prêtres que l'âge et les infirmités ont obligés à résigner leurs saintes fonctions ; — attendu que la pensée du gouvernement qui a établi le culte en France

---

[1] Napoléon, etc., etc., sur le rapport du ministre des cultes,

Décrète :

Art. 1er. — Le sixième du produit de la location des bancs, chaises et places dans les églises, faite en vertu des règlements des évêques pour les fabriques de leurs diocèses, après déduction des sommes que les fabriques auront dépensées pour établir ces bancs et chaises,

[2] V. la note de la circulaire qui suit ce décret.

n'a pu en ce point être encore réalisée qu'imparfaitement, et que les caisses particulières fondées seulement dans quelques diocèses sont loin de subvenir à toutes les nécessités, — avons décrété et décrétons ce qui suit :

ART. 1er. Notre ministre de l'instruction publique et des cultes pourra accorder, sur l'avis de l'évêque diocésain, des pensions aux prêtres âgés ou infirmes entrés dans les ordres depuis plus de trente ans.

ART. 2.—Ces pensions seront servies par une caisse générale de retraite, dont les ressources se composeront :

1° D'une subvention prélevée annuellement sur le chapitre VIII du budget des cultes ;

2° De la subvention de 5 millions accordée par le décret du 22 janvier 1852 ;

3° Des produits des dons et legs que la caisse sera autorisée à accepter après avis du conseil d'État.

ART. 3. —En aucun cas, les pensions ne pourront

sera prélevé pour former un fonds de secours à répartir entre les ecclésiastiques âgés ou infirmes.

Art. 2. — Les évêques adresseront au ministre des cultes, dans le mois qui suivra la publication du présent décret, un projet de règlement pour déterminer le mode et les précautions relatives à ce prélèvement, ainsi que la manière d'en appliquer le résultat et d'en faire la distribution.

Au palais de Saint-Cloud, le 13 thermidor an XIII. — (B. 4, 879).

excéder le montant des ressources qui seront réalisées chaque année par la caisse, en vertu de l'article précédent.

ART. 4. — Le directeur de la caisse des dépôts et consignations est chargé de toutes les opérations qui concernent le recouvrement des revenus de la caisse et le paiement des arrérages des pensions.

ART. 5. — Une instruction de notre ministre de l'instruction publique et des cultes, et des règlements approuvés par lui, détermineront les mesures et les détails d'exécution du présent décret.

Fait au palais de Saint-Cloud, le 28 juin 1853.

NAPOLÉON.

Par l'Empereur :

Le ministre de l'instruction publique et des cultes,

H. FORTOUL.

—

CIRCULAIRE *de M. le ministre de l'instruction publique et des cultes à MM. les archevêques et évêques, relative à l'exécution du décret du 28 juin* 1853, *qui institue une caisse générale de retraite pour les ecclésiastiques.*

Paris, le 30 novembre 1853.

Monseigneur, le décret du 28 juin dernier, qui m'autorise à accorder, sur l'avis de l'évêque diocésain, des pensions de retraite aux ecclésiastiques, est une nouvelle preuve de la sollicitude de l'Empereur pour les besoins du clergé ; il a pour but d'assurer aux vieux serviteurs de l'Église et de l'État une retraite convenable, de leur épargner les formalités et les inquiétudes qu'entraînait chaque année le renouvellement des demandes de secours, et d'acquitter, en partie du moins, à leur égard, la dette du pays. J'ai recherché avec soin les moyens les plus efficaces de réaliser les bienveillantes intentions de Sa Majesté ; mais j'ai dû attendre que les documents réclamés par ma circulaire du 28 juin me fussent parvenus. Après les avoir attentivement examinés, je vais, en vertu de l'art. 5 de ce décret, vous indiquer, Monseigneur, les règles qui devront être suivies dans son exécution :

1º *Fondation d'une caisse générale de retraites ecclésiastiques.*

Il était indispensable, avant tout, de fonder pour le service des pensions ecclésiastiques une caisse générale présentant toutes les garanties désirables. La caisse de retraites, instituée par le décret du 28 juin, forme un établissement d'utilité publique.

Les ressources de cette caisse se composent :

1º D'une subvention prélevée annuellement sur le chapitre VIII du budget des cultes ;

2º Des intérêts de la dotation de cinq millions accordée par Sa Majesté Impériale. Ces intérêts seront servis par M. le ministre des finances sur le produit de la vente des bois de l'État, que le décret du 27 mars 1852 a affecté à cette destination. La caisse des retraites ecclésiastiques se trouvera ainsi dans la même situation que la Légion-d'Honneur et les autres institutions désignées par ce décret [1] ;

3° Des dons et legs faits à cette caisse et régulièrement acceptés.

Le crédit de 765,000 fr. porté au chap. viii du budget des cultes de 1854, pour secours personnels, n'est pas seulement applicable aux prêtres en retraite qui comptent plus de trente ans de services ; il a, en outre, pour objet de venir en aide aux autres ecclésiastiques et anciennes religieuses dont la position est également digne d'intérêt. Le temps et la pratique permettront d'apprécier la nature très variable et l'étendue des

---

[1] *Décret du 27 mars 1852. B. X, 3833.*

Art. 1er. — Le ministre des finances est autorisé à aliéner jusqu'à concurrence de trente-cinq millions des bois de l'État à prendre parmi ceux qui sont portés sur le tableau annexé à la loi du 7 août 1850.

Art. 2.—Les trente-cinq millions provenant de cette vente seront affectés aux dotations allouées par les art. 5, 6, 7 et 8 du décret du 22 janvier 1852.

Art. 3. — Le ministère des finances est autorisé à faire inscrire au grand-livre de la dette publique une rente de cinq cent mille francs quatre et demi pour cent.

Cette inscription de rente sera remise à la Légion-d'Honneur en remplacement des biens qui lui avaient été attribués par le décret précité.

—Le décret du 22 janvier 1852 portait que les biens faisant retour

besoins à satisfaire tous les ans ; mais, au début de l'organisation de la caisse des retraites, il n'est pas possible de régler d'une manière permanente la quotité de la subvention dont elle devra profiter. Le gouvernement se réserve de la fixer chaque année.

Cette caisse a pour unique but de donner des pensions aux ecclésiastiques qui justifient de plus de trente ans de services ; tandis que les caisses diocésaines ont plusieurs destinations, notamment celle de soulager un certain nombre d'infortunes qui ne peuvent être convenablement secourues sur les fonds du Trésor public. Il importe donc que les cotisations du clergé et les autres ressources des caisses diocésaines n'éprouvent aucune diminution. Loin de vouloir porter atteinte à l'existence de ces établissements, d'une incontestable utilité, le gouvernement désire les voir prospérer et se multiplier ; il en facilitera de tout son

à l'État, en vertu de ce décret, seraient vendus en partie, jusqu'à concurrence d'une somme de trente-cinq millions, pour le produit en être affecté : dix millions aux sociétés de secours mutuels : dix millions à l'amélioration des logements d'ouvriers : dix millions à l'encouragement d'institutions de crédit foncier, et cinq millions à la dotation d'une caisse de retraite pour les desservants les plus pauvres. L'art. 9 du même décret réunissait le surplus de ces biens à la dotation de la Légion-d'Honneur. Le décret du 27 mars 1852, tout en donnant une consécration-nouvelle à ces dotations, ordonne que les trente-cinq millions seront pris, non pas sur les *biens réunis au domaine de l'État* par le décret du 22 janvier 1852, mais sur les *bois de l'État*, que l'art. 12 de la loi du 7 août 1850, B. X, 2357, avait autorisé le ministre des finances à aliéner.

8.

pouvoir la fondation dans les diocèses où elles n'ont pas encore été formées.

2° *Caractère des nouvelles pensions ecclésiastiques.*

Le décret du 28 juin n'a pas créé en faveur de tous les prêtres qui ont trente ans de services un droit à une pension de retraite ; il leur ouvre seulement les voies et moyens pour l'obtenir. L'administration est libre de l'accorder ou de la refuser. En un mot, chaque pension concédée sera une libéralité du gouvernement. Par conséquent, aucun recours à ce sujet devant le conseil d'État ou toute autre juridiction ne pourrait être admis.

Ces pensions facultatives seront viagères. Les titulaires les toucheront par trimestre, soit à la caisse des dépôts et consignations à Paris, soit au bureau de ses préposés dans les départements.

Je ferai tout ce qui sera possible pour proportionner le taux de la pension aux besoins du prêtre qui la demandera. Le chiffre de la somme qu'il recevait précédemment à titre de secours sera pris en grande considération. Du reste, vos propositions, Monseigneur, serviront de base à mes décisions ; mais je vous prie de vouloir bien vous rappeler qu'aux termes de l'art. 3 du décret du 28 juin, la totalité des pensions ne peut excéder le montant des ressources qui seront réalisées, chaque année, par la caisse de retraites.

Dans l'état actuel des choses, je ne saurais déterminer le *maximum* des pensions ecclésiastiques. Ce n'est que lorsque j'aurai été mis en mesure de prévoir tous les résultats de l'exécution du décret que je pourrai me prononcer définitivement sur ce point.

3° *Conditions à remplir pour obtenir une pension ecclésiastique.*

Deux conditions sont exigées par l'art. 1ᵉʳ du décret du 28 juin pour obtenir une pension ecclésiastique. Elle ne peut d'abord être accordée *qu'aux prêtres âgés ou infirmes entrés dans les ordres depuis plus de trente ans.*

J'ai décidé que ces trente années courraient à partir du jour de la réception, constatée par l'évêque diocésain, de l'ordre du sous-diaconat. Cette interprétation, fondée sur l'acception ordinaire des mots *entrés dans les ordres*, qui se trouvent dans le décret, et sur l'esprit de bienveillance qui l'a dicté, sera très avantageuse aux ecclésiastiques infirmes, en leur permettant de compter les deux années qui s'écoulent le plus souvent entre le sous-diaconat et la prêtrise.

La seconde condition indispensable, c'est la présentation de l'évêque diocésain.

Il vous appartient, sous tous les rapports, Monseigneur, de désigner les membres de votre clergé que vous jugerez hors d'état de continuer leurs fonctions; le décret du 28 juin n'a fait que maintenir votre droit d'initiative en cette matière. Les prêtres de votre diocèse devront, après comme avant leur retraite, rester soumis à votre autorité. Aucune pension ne pourra leur être octroyée que sous la réserve de demeurer subordonnés à votre juridiction. Si quelques-uns d'entre eux refusaient de se conformer aux règles de la discipline ecclésiastique, leurs pensions, en raison du caractère de libéralité et de l'inexécution de la condition que le gouvernement croit devoir y attacher, pourraient même, au besoin, être révoquées sur votre proposition.

Dans le cours d'une longue carrière, les ecclésiastiques peuvent être appelés à exercer leur ministère dans divers diocèses. On a élevé la question de savoir si leurs demandes de pension devaient être présentées par l'évêque de leur diocèse natal, ou par l'évêque du diocèse où ils ont leur domicile.

Lorsqu'un prêtre réside depuis plusieurs années dans un diocèse, l'évêque, avant de lui accorder aucune autorisation, a pris sur son compte les renseignements nécessaires. Il lui est .d'ailleurs plus facile d'apprécier sa conduite et de vérifier sa position pécuniaire. D'un autre côté, si les ecclésiastiques éloignés de leur pays natal depuis un grand nombre d'années étaient obligées de s'adresser à des prélats récemment préconisés qui ne les connaissent pas, leurs demandes pourraient subir des retards et soulever des difficultés.

D'après ces motifs, j'ai pensé que les présentations devaient être faites par l'évêque du diocèse où les prêtres auraient leur domicile.

Les pensions pour les prêtres en retraite sont destinées à remplacer les secours ; elles ne doivent, comme ces secours, être concédées qu'aux ecclésiastiques dont les ressources personnelles sont insuffisantes. Mais, par cela même qu'elles seront fixes et permanentes, il sera indispensable de s'assurer de la situation pécuniaire des prêtres qui les solliciteront. Le sacerdoce est une carrière d'abnégation et de dévoûment, les ecclésiastiques qui possèdent par eux-mêmes des moyens de vivre honorablement ne sauraient réclamer la munificence de l'État.

Je crois devoir appeler particulièrement, Monseigneur, votre attention sur ce point essentiel. Je désire délivrer d'abord des pensions aux ecclésiastiques les plus âgés, les plus infirmes et les plus nécessiteux, et je suis convaincu que ce sont aussi ceux-là qui fixeront les premiers votre sollicitude.

4° Pièces justificatives à produire à l'appui des demandes de pensions ecclésiastiques.

Il est de règle que toute demande de pension soit appuyée de pièces justificatives. Cette règle doit être observée surtout lorsqu'il s'agit de répartir entre un grand nombre de respectables ecclésiastiques les bienfaits du gouvernement, et de comparer les titres qu'ils invoquent.

Voici la liste des pièces dont chacune de vos propositions, Monseigneur, devra être accompagnée :

1° La demande du prêtre, indiquant ses nom, prénoms, qualités et son adresse ;

2° Son acte de naissance ;

3° Un certificat de l'évêque du diocèse où il aura son domicile réel, constatant l'époque où l'ecclésiastique a reçu l'ordre du sous-diaconat, les fonctions qu'il a successivement exercées, la durée totale de ses services et le montant de la pension inscrite au ministère des finances dont il pourrait déjà jouir sur le Trésor public ;

4° L'avis motivé de l'évêque sur la demande.

Je vous recommande, Monseigneur, d'insérer dans votre avis les renseignements que vous aurez pris sur les moyens d'existence de chaque ecclésiastique.

5° Observation générale sur les secours en faveur des ecclésiastiques qui ne pourraient obtenir une pension.

Plusieurs prélats ont remarqué que le décret du 28 juin ne s'appliquait pas aux prêtres forcés par leurs infirmités de cesser leurs fonctions avant trente ans d'exercice.

Je sais, Monseigneur, et je partage tout l'intérêt que mérite la pénible position de ces ecclésiastiques ; mais j'ai reconnu l'impossibilité de mettre à la charge de la caisse des retraites une dépense considérable et supérieure à ses ressources. Il a fallu ce grave motif pour restreindre les dispositions du décret.

Les infirmités précoces et les besoins exceptionnels trouveront, comme par le passé, un soulagement dans le fonds de secours expressément réservé au budget des cultes.

Les prêtres secourus sur les fonds du chapitre VIII pourront, d'ailleurs, trente ans après leur entrée dans le sacerdoce, obtenir, à leur tour, des pensions de retraite.

Les mêmes fonds réservés devront servir au paicment des subventions en faveur des anciens vicaires généraux, des anciens prêtres sans fonctions, des anciennes religieuses et des prêtres en activité. Vous savez, Monseigneur, que les anciens vicaires généraux obtiennent, en vertu d'une décision impériale, l'allocation de 1,500 francs fixée par l'ordonnance du 29 septembre 1824, et que les secours sont accordés aux prêtres en activité par une décision spéciale du ministre des cultes. Quant aux anciens prêtres sans fonctions depuis 1802 et aux anciennes religieuses, le nombre en diminue sensiblement chaque année.

Je continuerai à soulager toutes les misères que vous me signalerez ; mais ce sera sur votre proposition spéciale, et dans tous les cas sur votre avis, que les prêtres et les anciennes religieuses de votre diocèse recevront des secours directs. Il me serait désormais impossible de mettre à votre disposition d'une manière générale, comme les années précédentes, les fonds qui ont reçu une affectation déterminée.

Telles sont, Monseigneur, les observations que j'ai cru utile de vous adresser sur la manière d'interpréter et d'appliquer le décret du 28 juin 1853. Ce décret doit être mis à exécution à partir du 1er janvier 1854. Il est donc urgent d'inviter les ecclésiastiques de votre diocèse à vous faire parvenir le plus tôt possible leurs demandes, avec les pièces justificatives précitées.

Je vous prie, Monseigneur, de vouloir bien me transmettre, *avant le 15 janvier prochain*, un dossier distinct et séparé pour chaque demande, avec votre avis.

Je prendrai les mesures nécessaires afin que les prêtres en retraite qui obtiendront une pension puissent en toucher le premier trimestre au mois d'avril 1854.

Agréez, Monseigneur, l'assurance de ma haute considération.

Le ministre de l'instruction publique et des cultes,

Signé : H. FORTOUL.

Pour expédition :

Le directeur général de l'administration des cultes,

DE CONTENCIN.

—

CIRCULAIRE *de M. le ministre de l'instruction publique et des cultes, aux préfets, leur annonçant l'envoi d'un exemplaire de la circulaire précédente, et réclamant leur concours pour l'allocation des pensions ecclésiastiques.*

Paris, le 30 novembre 1853.

Monsieur le préfet, j'ai l'honneur de vous transmettre un exemplaire de la circulaire que je viens d'adresser à MMgrs les archevêques et évêques sur l'exécution du décret du 28 juin 1853, qui m'autorise à accorder des pensions aux ecclésiastiques entrés dans les ordres depuis plus de trente ans.

Ces pensions facultatives sont destinées à remplacer les secours ; elles ne peuvent être concédées qu'aux prêtres en retraite dont les ressources personnelles ont été reconnues insuffisantes. Il importera donc de vérifier, aussi exactement qu'il sera possible, la position pécuniaire de ceux qui les solliciteront. Je réclamerai particulièrement votre concours, monsieur le préfet, sur ce point essentiel. Je vous prierai de prendre, avec la réserve et les ménagements dus aux vieux serviteurs de l'Église et de l'État, des renseignements précis sur leurs moyens d'existence, et de me faire connaître confidentiellement votre avis sur leurs demandes.

Recevez, etc.

Le ministre de l'instruction publique et des cultes,

Signé : H. Fortoul.

Pour expédition :

Le directeur général de l'administration des cultes.

De Contencin.

DONATAIRES DÉPOSSÉDÉS.

I.

Une loi du 1er floréal an XI (28 avril 1803) concéda, à titre de récompenses nationales, aux vétérans des armées de la République, les terres conquises dans le pays qui formait les 26e et 27e divisions militaires. Ces concessions étaient faites à charge de résider sur les terres, de les cultiver ou faire cultiver, d'en payer les contributions et de concourir en cas d'appel à la défense des places frontières situées dans ces divisions militaires.

Cinq camps de vétérans devaient être formés dans ces mêmes divisions. Les propriétés qui leur étaient affectées ne pouvaient être engagées, cédées, ni aliénées pendant l'espace de vingt-cinq ans. Elles n'étaient transmissibles aux enfants des vétérans qu'autant que ceux-ci seraient nés de mariages contractés sur le territoire de la République, ou aux armées avant l'époque de la formation du camp dans lequel ils avaient été compris, ou de mariages contractés depuis cette époque avec des filles du pays où le camp était établi.

Ces établissements devaient servir, non-seulement de récompense au courage et aux services militaires, mais de remparts vivants à l'État.

C'était une imitation des colonies militaires dont les Romains retirèrent tant d'avantages qu'elles devinrent, selon l'expression de Cicéron, les boulevarts de leur empire.

Des cinq camps projetés, deux seulement furent établis : l'un près d'Alexandrie, l'autre près de Juliers.

II.

Lorsque les traités de Lunéville, de Tilsitt, de Presbourg et de Vienne nous eurent abandonné les États vénitiens et diverses portions très étendues des provinces allemandes et illyriennes, Napoléon s'empressa d'en former de grands fiefs dont il disposa successivement en faveur des généraux et des fonctionnaires civils que recommandaient l'éclat de leurs services ou le dévoûment à sa personne [1]. Ces dotations furent déclarées être la propriété des donataires

---

[1] C'est ainsi que furent érigés en grands fiefs :

La Dalmatie, — Soult.	Plaisance, — Lebrun.
L'Istrie, — Bessières.	Neufchâtel, — Berthier.
Le Frioul, — Duroc.	Berg, — Murat.
Cadore, — Champagny.	Reggio. — Oudinot.
Bellune, — Victor.	Tarente. — Macdonald.
Conegliano, — Moncey.	Gaëte. — Gaudin.

et de leur descendance masculine et légitime. En cas
d'extinction de cette descendance, les dotations devaient faire retour à l'État. Elles ne pouvaient être aliénées ou échangées qu'avec l'autorisation de l'Empereur.
C'était la reconstitution des apanages et des duchés-
pairies de l'ancienne monarchie. La véritable pensée
de Napoléon nous a été révélée par un homme qui
fut bien placé pour la connaître.

M. le duc de Bassano disait en 1834, devant la
Chambre des pairs :

« Une nécessité grave naissait pour l'Empire de
notre état intérieur. Les grandes familles appartenant
à l'ancien régime se tenaient à l'écart du nouveau
gouvernement. Si la plupart n'étaient pas évidemment
hostiles, beaucoup d'entre elles usaient de la position
considérable qu'elles avaient conservée pour exercer
une influence ennemie.

« Napoléon voulut opposer à ces familles puissantes
des familles qui seraient aussi puissantes qu'elles ; à
des fortunes dont l'emploi inquiétait son gouvernement, des fortunes qui, lui devant leur origine, auraient
les mêmes intérêts que lui. Ce qui ne semblait pouvoir

Trévise, — Mortier.	Bénévent, — Talleyrand.
Feltre, — Clarke.	Otrante, — Fouché.
Bassano, — Maret.	Essling, — Masséna.
Vicence, — Caulaincourt.	Ponte-Corvo, — Bernadotte.
Padoue. — Arrighi.	Massa, — Régnier.
Rovigo. — Savary.	Castiglione, — Augereau.

(BOREL D'HAUTERIVE, *Ann. de la noblesse*, 1844, p. 116.)

se faire qu'à l'aide des siècles, il voulait le faire en un jour et il le fit : les ressources accumulées de la conquête furent distribuées en dotations. Mais cette distribution n'aurait produit qu'un effet précaire, si, attachée au titre qui la décorait, la libéralité du prince avait suivi la loi de l'égalité des partages, et n'avait pas subi celle de l'hérédité comme le trône lui-même. De là la nécessité de constituer ces dotations en majorats » [1].

En 1814, le gouvernement français dut renoncer, par le traité de Paris, à toutes les réclamations qu'il pourrait faire contre les puissances étrangères pour dotations, pensions et autres charges de cette nature. Plus de trois mille donataires se trouvèrent ainsi dépouillés.

Le sort des vétérans des camps de Juliers et d'Alexandrie a été réglé par la loi du 14 juillet 1819, qui leur a accordé, en indemnité des terrains dont ils avaient été dépossédés, une pension égale à leur solde de retraite, et reversible sur la tête de leur veuve. La loi du 26 juillet 1821 a réglé celui des donataires.

(Loi du 14 juillet 1819.)

Les vétérans des camps de Juliers et d'Alexandrie, ainsi que les veuves et les orphelins de ceux qui sont

---

[1] *Moniteur* du 15 mars 1834, Chambre des pairs, séance du 14 mars.

décédés, tant sur les établissements que depuis leur rentrée en France, seront inscrits au livre des pensions pour une somme égale à leur solde de retraite, en indemnité des domaines nationaux qui leur avaient été concédés par la loi du 1er floréal an XI.

(Loi du 26 juillet 1821.)

ART. 1er. — Les donataires français entièrement dépossédés de leurs dotations situées en pays étranger, et qui n'auraient rien conservé en France, ainsi que les veuves et les enfants de ceux qui sont décédés, pourront être inscrits au livre des pensions, en indemnité de la perte desdites dotations, avec jouissance du 22 décembre 1821, pour une pension dont le montant sera réglé :

Pour les donataires de première, seconde, troisième et quatrième classe, à la somme de 1,000 fr.;

Pour ceux de cinquième classe, à celle de 500 fr. ;

Et pour ceux de sixième classe, à celle de 250 fr.

Ces pensions seront reversibles sur les veuves et sur les enfants des donataires.

Elles seront d'abord possédées par le donataire; ensuite moitié par la veuve et moitié par les enfants, par égale portion, avec reversibilité en faveur des survivants de la veuve et des enfants, en telle sorte que l'extinction n'ait lieu qu'après le décès du dernier survivant.

L'inscription en sera faite sur les listes qui seront arrêtées par le Roi.

La liste de ces pensions sera insérée au ***Bulletin des lois***.

Art. 2. — Les donataires à qui il reste une portion de dotation inférieure à l'indemnité qui leur serait accordée, s'ils avaient perdu la totalité, pourront recevoir une pension égale à la différence de cette indemnité avec la dotation qui leur reste.

Art. 3. — Les militaires des armées royales de l'Ouest et du Midi, qui ont été assimilés aux donataires par l'ordonnance du roi du 22 mai 1816, et la loi du 15 mai 1818, pourront aussi être inscrits au livre des pensions, pour une pension dont le montant sera réglé :

Pour les officiers supérieurs, à la somme de 300 fr. ;
Pour les autres officiers, à 200 fr. ;
Pour les sous-officiers, à 150 fr. ;
Pour les soldats, à 100 fr.

Ces militaires, leurs veuves et leurs enfants jouiront de ces pensions avec les mêmes droits de partage et de reversibilité, en cas de décès, qui ont été énoncés dans l'art. 1er.

Art. 4. — Les veuves qui étaient en possession de pensions sur les dotations seront inscrites au livre des pensions du Trésor, avec jouissance du 22 décembre 1821, pour la somme assignée à la classe dans laquelle elles étaient placées conformément au tableau annexé [1].

ART. 5.—Les pensions sur le domaine extraordinaire montant à 65,500 fr., autres que celles assignées sur les dotations, seront également inscrites au livre des pensions du Trésor, avec jouissance du 22 décembre 1821, et payées intégralement suivant leur fixation actuelle, nonobstant les dispositions prohibitives du cumul.

ART. 6.—Ne seront pas non plus soumises aux dispositions prohibitives du cumul les pensions accordées en vertu de la présente loi.

ART. 11.— Après cinq ans écoulés à compter de la date des actes constitutifs des dotations sur les canaux, sans que les titulaires, ou les appelés à leur défaut, se soient présentés par eux-mêmes ou par leurs fondés de pouvoirs, munis de la preuve de leur existence, pour réclamer les actions comprises dans les dotations qui les concernent, les anciens propriétaires auront droit à la jouissance provisoire des actions non

---

[1] Voici l'extrait de ce tableau :

Veuves, mères ou sœurs de donataires en possession de pensions sur les dotations :

45 sur dotat. des 3 prem. classes. Pens. assign. par la loi 1,000 f.
75   *id.*   de la 4e classe   *id.*   de 400 à 1,000 f.
66   *id.*   de la 5e classe   · *id.*   de 200 à   250 f.
74   *id.*   de la 6e classe   *id.*   100 f.

9.

réclamées, sans néanmoins que lesdites actions cessent de rester sous les noms des titulaires, avec les mêmes numéros qui se trouveront désignés dans le titre constitutif des dotations.

Art. 12. — L'équivalent d'un semestre échu de la totalité des actions présumées vacantes sera toujours laissé à la caisse des consignations, comme premier gage des dividendes perçus à restituer aux titulaires absents qui se présenteront, ou à leurs ayant-droit.

Art. 13. — Lorsqu'il se sera écoulé trente ans, à compter du jour de l'envoi en possession provisoire, sans que les titulaires aient réclamé, ou qu'on ait rapporté la preuve de leur existence, l'envoi en possession deviendra définitif, conformément au Code Napoléon, et les actions seront rendues aux anciens propriétaires, et replacées sous leurs noms.

Il en sera de même dans le cas où, avant l'expiration des trente années ci-dessus mentionnées, on justifierait soit de l'acte de décès des titulaires, soit de l'accomplissement des formalités prescrites par les lois pour suppléer à ces actes et constater les décès des militaires absents.

Les pensions des donataires diminuent tous les jours, quoique dans une progression fort lente, ainsi

qu'on peut le voir par les chiffres suivants, empruntés
aux budgets des dix dernières années :

1840	1,394,911
1845	1,270,000
1847	1,220,000
1848	1,196,000
1850	1,187,000
1852	1,157,000

« A partir du 1er janvier 1854, les pensions des donataires cesseront d'être payées par semestre, et
seront acquittées par trimestre aux échéances des
1er janvier, 1er avril, 1er juillet et 1er octobre » (décret
impérial du 9 nov. 1853, art. 4).

PENSIONS DES LISTES CIVILES.

—

CAISSE DE VÉTÉRANCE.

L'époque de l'institution de cette caisse remonte au premier gouvernement impérial.

Par un décret du 14 juin 1810, l'Empereur avait réglé le sort des employés de sa maison et de la secrétairerie d'État, au jour où ils viendraient à cesser leurs fonctions.

Un autre décret du 19 mars 1813 étendit les dispositions du premier aux employés de l'intendance et de la trésorerie du domaine extraordinaire.

Les revenus de cette caisse se composaient de retenues exercées sur les appointements, et lorsque leur produit était insuffisant pour acquitter les pensions inscrites, l'Empereur comblait le déficit par une subvention sur sa liste civile.

En 1814, les revenus étaient de 15,654 fr.; elle était déjà grevée de cent trente pensions, montant ensemble à 38,821 fr. Il y avait insuffisance de 23,167 fr.

Par suite des événements politiques qui changèrent le gouvernement, une foule d'officiers et employés de la maison impériale furent dépossédés de leurs emplois. On leur reconnut droit à des pensions qui furent liquidées avec générosité et toujours exactement payées [1].

Louis XVIII, ainsi que l'avait fait Napoléon, régla le sort des employés et officiers de sa maison par une ordonnance du 3 novembre 1814, et institua une caisse spéciale en leur faveur. Il mit à sa charge les pensions des officiers et employés de la maison impériale, fit verser dans cette caisse les 15,654 fr. de rentes qui formaient à la chute de l'Empire l'actif de l'ancienne caisse de vétérance, et la subventionna sur ses propres deniers pour une somme très considérable.

Au moment de la révolution de juillet, l'actif de cette caisse était de 176,755 fr. 46 c. de rentes 5 0/0, et les deux mille cinq cent une pensions s'élevaient à 1,546,147 fr. 50 c.

Ces pensions n'avaient pas été seulement accordées aux amis du souverain, à ceux qui avaient partagé son exil. L'état nominatif des pensionnaires présenté à la Chambre portait le nom des hommes qui avaient été attachés au service de la Convention, du Directoire et de l'Empire. On y voyait le nom de l'arquebusier de l'Empereur, qui n'avait d'autre titre auprès du roi Louis XVIII que sa fidélité au grand homme ; les employés de la secrétairerie d'État qui parta-

---

[1] *Moniteur* du 20 mai 1835, p. 1235, rapport de M. DE RANCÉ.

geaient l'honneur des bivouacs de l'Empereur et le suivaient sur les champs de bataille [1].

M. Laffitte transporta à la charge de la liste civile le paiement des pensions de vétérance, et on ne s'en plaignait pas, car, la veille encore, on trouvait qu'une liste civile de quatre millions c'était trop pour un roi constitutionnel. D'ailleurs, il était parfaitement juste que le paiement des pensions de vétérance fût à la charge de la liste civile, parce que les services dans la maison du roi n'étaient pas rendus au roi régnant considéré individuellement, mais à la personne royale qui se continuait dans ses successeurs, en sorte que la rémunération de ces services était une charge transmise à la nouvelle liste civile par celle du roi décédé.

Louis XVIII l'avait fait ainsi à l'égard de Napoléon, et Charles X à l'égard de Louis XVIII [2].

En 1831, la même proposition faite par Casimir Périer fut rejetée. On s'écarta des traditions, on parla du *nouveau principe politique révolutionnaire* et de la nécessité de rompre avec le passé, comme cela arrivait toujours quand il fallait exonérer la liste civile du nouveau roi. Cependant une commission nommée en 1832 reconnaissait que les pensionnaires de la caisse de vétérance étaient créanciers de l'État au

---

[1] *Moniteur* du 2 juin 1835, p. 1381.

[2] Louis-Napoléon, président de la République, adopta une mesure à peu près semblable à l'égard des employés de la dernière liste civile. V. plus loin la loi du 8 juillet 1852.

moins au même titre que les employés des autres administrations publiques, et mettait leurs pensions à la charge du Trésor pour une somme de 511,115 fr.

La Chambre, refusant de les reconnaître comme créanciers de l'État, rejeta le projet de la commission et proposa de restituer purement et simplement aux pensionnaires l'actif existant dans leur caisse au moment de la révolution, c'est-à-dire 4,000,000.

La Chambre des pairs repoussa ce projet à une majorité de 89 voix contre 24.

Cette mesure, comme le disait très bien M. Nicod, n'était qu'une amère dérision. Il est aussi injuste que puéril de ne pas admettre que les services rendus au chef de l'État doivent être considérés comme rendus à l'État lui-même.

Cette prétention était d'autant moins fondée à l'égard des pensionnaires de la caisse de vétérance, qu'ils avaient exonéré l'État depuis 1814 jusqu'en 1830, et que depuis, l'État, s'étant mis en possession de toutes les valeurs de la liste civile de Charles X, les avait gérées comme lui appartenant ; les pensionnaires de la caisse de vétérance étaient devenus dès lors ses créanciers à un titre plus sacré que d'autres pensionnaires [1].

Cependant le gouvernement, reconnaissant l'absolue

---

[1] Pendant quatre ans le paiement des pensions fut suspendu (1831, 32, 33, 34). Le gouvernement pourvut par des secours aux besoins des pensionnaires les plus dignes d'intérêt. Il aliéna à cet effet 42,100 fr. de rente appartenant à la caisse de vétérance.

nécessité de mettre un terme à cette affaire, prit le parti de réunir une commission où furent appelés sept membres de la Chambre des députés et trois membres de la Chambre des pairs.

C'est conformément au travail et aux conclusions de cette commission que fut votée la loi du 29 juin 1835.

Cette loi charge le gouvernement de la révision des pensions liquidées et de la liquidation des pensions nouvelles, en se conformant aux règlements existants; elle réduit les pensions à un maximum de 4,000 fr., et déclare acquises au Trésor toutes les valeurs de la caisse de vétérance évaluées à 4,000,000, et en remplacement de ces valeurs affecte annuellement sur le Trésor de l'État, à compter de 1835, une somme de 600,000 fr. qui doit former une tontine pour se répartir, se réduire et s'éteindre d'après les règles fixées ci-après.

(Loi du 29 juin 1835.)

ARTICLE 1ᵉʳ. — Une commission gratuite nommée par ordonnance royale[1] sera chargée de vérifier les

---

[1] Cette commission, nommée par ordonnance royale du 30 juin 1835, se composait de MM. :

Le duc de Bassano, pair de France, président;

Le baron Mounier, pair de France;

Le baron Malouet, pair de France;

Le baron de Schonen, député;

Parant, député;

Le baron Fain, député, conseiller d'État;

pensions accordées sur la caisse de vétérance de l'ancienne liste civile avant le 1er août 1830 et de fixer, conformément aux règlements de ladite caisse, les pensions provisoirement liquidées et qui restent à liquider, à raison des droits acquis avant le 1er avril 1832.

Le montant des pensions définitivement maintenues ou liquidées ne pourra excéder le maximum de quatre mille francs.

Art. 2. — Aucune réclamation ne sera reçue quatre mois après la publication de l'ordonnance royale qui nommera la commission mentionnée à l'article précédent.

Cette commission prononcera sans recours.

Art. 3. — Toutes les valeurs appartenant à la caisse de vétérance sont acquises au Trésor public.

Les rentes cinq pour cent au nom de ladite caisse sont annulées.

Le vicomte Siméon, conseiller d'État;

Laprengne, auditeur au conseil d'État;

De Verbois, direct. de la compt. de la liste civile;

Godart Dubuc, direct. des bât. de la liste civile;

Munch, chef de bur. de la liste civile;

Mouton, chef de bureau au min. des finances;

Brousse, anc. chef de bur. du content. de l'anc. liste civile.

Par ord. roy. du 4 juillet, cette même commission fut chargée de la répartition des deux crédits accordés aux pensionnaires de l'ancienne liste civile par la loi du 29 juin 1835.

Art. 4. — En remplacement des susdites valeurs , à compter de l'exercice de 1835 , il sera affecté annuellement, au service des pensions accordées sur la caisse de vétérance , un fonds de six cent mille francs qui sera réparti , se réduira et s'éteindra , ainsi qu'il est réglé aux articles ci-après.

Art. 5. — Ladite somme de six cent mille francs sera versée par semestre à la caisse des dépôts et consignations , où elle sera tenue en compte pour être payée sur les ordonnances du ministre des finances , d'après les états arrêtés par la commission créée à l'art. 1er ci-dessus.

Art. 6. — Toutes les pensions définitivement accordées seront payées à compter du 1er janvier de la présente année, jusqu'à concurrence de deux cents francs pour les pensionnaires au-dessous de soixante ans ; de trois cents francs , pour les pensionnaires de soixante à soixante-dix ans ; de cinq cents francs , pour les septuagénaires ; et de huit cents francs , pour les octogénaires.

Il sera payé en sus à chacun des titulaires des pensions excédantes : 1° pour ceux qui ont moins de trente ans de services, et à leurs veuves, le cinquième de la différence entre la somme déterminée ci-dessus et le montant de leurs pensions ; 2° pour ceux qui ont trente ans et plus de services, et à leurs veuves, le quart de cette différence.

Art. 7. — Sur les fonds qui deviendront disponibles tous les six mois par l'effet des extinctions ou par toute autre cause, il sera d'abord prélevé la somme nécessaire :

1° Pour le paiement des pensions à l'égard desquelles les causes de suspension déterminées à l'art. 10 ci-après auront cessé dans le semestre précédent;

2° Pour compléter le paiement des pensions des titulaires qui auront accompli, dans le semestre précédent, leur soixantième, leur soixante-dixième ou leur quatre-vingtième année, conformément aux dispositions de l'article précédent.

En cas d'insuffisance des fonds disponibles, les sommes afférentes à chacun des pensionnaires seraient réduites au marc le franc de leurs quotités respectives.

Art. 8. — Les fonds qui resteront disponibles après les prélèvements ordonnés à l'article précédent (§§ 1, 2) seront répartis au marc le franc de leurs pensions respectives, entre tous les pensionnaires qui ne jouiraient pas encore de la totalité de leurs pensions.

Toutefois, dans cette répartition, les pensions des titulaires âgés de soixante à soixante-dix ans seront comptées pour moitié en sus, celles des septuagénaires pour le double, et celles des octogénaires pour le triple de leur quotité réelle.

Art. 9. — Les pensions et secours auxquels auraient droit, en vertu des règlements de la caisse de vétérance, les veuves et orphelins des employés ou pensionnaires, mariés avant le 1er avril 1832 , seront liquidés , à mesure de l'ouverture des droits , par la commission créée à l'art. 1er ci-dessus, et payés dans la forme et aux conditions déterminées aux art. 6 , 7 et 8 précédents.

Art. 10. — Le paiement de toute pension sera suspendu à l'égard des ayant-droit qui toucheraient un traitement, soit dans une administration publique, soit dans l'administration de la liste civile.

Art. 11. — Dès que toutes les pensions seront intégralement payées, le crédit de six cent mille francs alloué au budget de l'État sera , à mesure des extinctions, successivement et proportionnellement diminué jusqu'à complète annulation.

Art. 12. — En exécution de l'art. 4 ci-dessus , un crédit extraordinaire de six cent mille francs est ouvert au ministre des finances pour l'exercice 1835.

PENSIONS DE L'ANCIENNE LISTE CIVILE DE LOUIS XVIII
ET DE CHARLES X.

Louis XVIII et Charles X avaient affecté une partie des fonds de leur liste civile au paiement des pensions qu'ils créèrent successivement en faveur d'un grand nombre de personnes. Ces pensions qui étaient généreusement accordées ne donnaient pas un droit immuable ; aussi l'art. 17 de la loi du 8 novembre 1814, relative à la liste civile de Louis XVIII, les déclarait-elle éteintes à la fin du règne du prince qui les aurait constituées.

En 1830, les fonds affectés au service des pensions s'élevaient à 5,877,718 fr. ; le nombre des pensionnaires était de 11,946.

Quelques-uns n'avaient d'autre titre à la faveur du prince que le crédit de leurs patrons, d'autres avaient obtenu leurs brevets de pension sur les services rendus à la famille royale pendant l'émigration ; mais Louis XVIII et Charles X avaient récompensé beaucoup d'anciens services nationaux. Beaucoup de pensions accordées sur la liste civile profitaient à des militaires, à des employés ou à leurs veuves, qui n'avaient pas le temps de services nécessaires pour leur donner des droits envers l'État; des actions de courage, des travaux dans la littérature et les beaux-arts trouvaient leur récompense dans les fonds de la liste civile. Le grand nombre d'enfants, les infirmités, l'aliénation mentale, le grand âge, la perte de fortune dans les dissensions civiles ou dans les invasions étrangères, enfin l'extrême misère, quelle qu'en fût la cause, étaient des titres à la bienfaisance du roi [1].

Les pensionnaires de l'ancienne liste civile formaient une classe de malheureux trop dignes d'intérêt pour ne

[1] Rapport de M. PARANT (*Moniteur* du 18 mai 1835).

pas exciter les sympathies des dépositaires de la dignité nationale ; et le gouvernement ni les Chambres ne voulurent que les événements de 1830 leur donnassent lieu de regretter les ressources qu'ils trouvaient dans la bienfaisance royale. En attendant qu'une loi définitive vînt régler leur sort, nous voyons des crédits annuels se succéder avec une générosité bien consolante pour les malheureux.

La loi du 15 mars 1831 ouvrit un crédit de 1,500,000

Celle du 23 décembre 1831. . . . 600,000

28 juillet 1833. 530,000

5 avril 1834. 400,000

Voici les règles posées pour l'avenir par la loi du 29 juin 1835 :

Les secours seront votés annuellement ; ceux-là seuls pourront y prendre part qui produiront un certificat d'indigence délivré par le maire et contrôlé par le sous-préfet. Ne pourront y participer ceux qui auraient porté les armes contre le gouvernement national depuis 1789, ou qui auraient obtenu leur pension en considération de pareils services.

Le maximum de chaque secours est fixé à 500 fr., néanmoins, ce maximum peut s'élever à 1,000 fr. pour es aliénés dans les hospices et pour les septuagénaires.

EMPLOYÉS DE LA DERNIÈRE LISTE CIVILE.

Loi qui affecte un fonds annuel de 320,000 francs au paiement d'indemnités viagères de retraite, au profit des employés et agents de la dernière liste civile.

(8 juillet 1852. B. X. 4215.)

ARTICLE 1er. — Un fonds annuel de trois cent vingt mille francs (320,000 fr.) est affecté au paiement d'indemnités viagères de retraite au profit des employés et agents de la dernière liste civile, qui, après dix ans d'exercice, ont été privés, depuis le 24 février 1848, de leurs emplois ou des allocations de retraite dont ils jouissaient sur les fonds de la liste civile.

Ce fonds sera réduit successivement à mesure du décès des ayant-droit.

ART. 2. — Ne sont point admis au bénéfice de ces indemnités :

1° Ceux qui étaient attachés au service d'honneur de l'ancienne famille royale;

2° Les employés et agents qui ont été replacés, et qui, au 30 avril 1852, se trouvaient en possession d'emploi rétribué sur les fonds de l'État.

Les employés et agents maintenus ou replacés dans les administrations publiques pourront compter, pour leur retraite, leurs services antérieurs dans la liste civile, comme services propres au département ministériel qui les emploie, à la charge par eux de prendre, dans un délai de quatre mois, l'engagement de verser le montant des retenues réglementaires qu'ils auraient eu à subir proportionnellement au traitement dont ils ont joui dans la liste civile.

Art. 3. — Les indemnités, dont le maximum ne pourra dépasser deux mille francs, seront fixées par la commission chargée, aux termes de la loi du 29 juin 1835, de l'administration de la caisse de vétérance des listes civiles antérieures à 1830.

Un décret déterminera les règles applicables à la fixation de ces indemnités, ainsi que le mode de reversibilité sur la tête des veuves et des enfants, sans que, dans aucun cas, les indemnités accordées puissent excéder le fonds alloué par l'art. 1er.

Art. 4. — Aucune réclamation ne sera reçue quatre mois après la promulgation de la présente loi.

Art. 5. — Les indemnités pourront être cumulées avec les pensions accordées en vertu de la loi du 29 juin 1835. mais le paiement en sera suspendu à l'égard des titulaires de ces indemnités qui viendraient à toucher un traitement quelconque d'activité, ou qui le touchent déjà sur les fonds des départements ou des communes.

Art. 6. — Un crédit de trois cent vingt mille francs (320,000 fr.) est ouvert au ministre des finances sur l'exercice de 1852 pour le paiement des indemnités, à partir du 1er janvier 1852.

DÉCRET *qui détermine les règles applicables à la fixation des indemnités viagères de retraite accordées aux employés et aux agents de la dernière liste civile, ainsi que le mode de reversibilité sur la tête des veuves et des enfants.*

(31 juillet 1852. — B. X. 4320.)

Louis-Napoléon, président de la République française,

Vu la loi du 8 juillet 1852 relative aux indemnités viagères de retraite accordées aux employés et agents de la dernière liste civile, portant (art. 3) : « Qu'un décret déterminera les règles applicables à la fixation de ces indemnités, ainsi que le mode de reversibilité sur la tête des veuves et des enfants ; »

Vu l'avis de la commission chargée, aux termes de la loi du 29 juin 1835, de l'administration de l'ancienne caisse de vétérance ;

Sur le rapport du ministre des finances ;

Décrète :

Art. 1er. — La quotité des indemnités viagères de retraite à liquider au profit des employés et agents de la dernière liste civile, en vertu de la loi du 8 juillet 1852, sera déterminée d'après les bases prescrites par les règlements de l'ancienne caisse de vétérance.

Nul ne pourra prétendre à ces indemnités, s'il ne justifie de dix ans au moins d'exercice dans la dernière liste civile.

Les services dans la liquidation seront considérés comme propres à la liste civile elle-même.

Art. 2. — La seconde exclusion prononcée par l'art. 2 de la loi précitée n'est pas applicable aux personnes qui, au 30 avril dernier, étaient en possession d'un emploi purement temporaire dans une administration publique.

Art. 3. — Seront exclusivement comptés les services rendus dans la liste civile et à titre d'employé titulaire.

Toutefois, les employés et agents qui, du 24 février 1848 au 30 avril 1852, auraient été rattachés à une administration de l'État, seront admis à faire valoir le temps qu'ils y auraient passé.

Art. 4. — A l'égard des personnes qui ont appartenu à la dernière liste civile et aux listes civiles pré-

cédentes, la liquidation sera faite d'après la généralité des services, y compris ceux précédemment admis en vertu de la loi du 29 juin 1835 ; si elles sont déjà titulaires d'une pension sur l'ancienne caisse de vétérance, il en sera fait déduction, et le surplus formera le montant de la nouvelle indemnité, laquelle sera cumulée avec la pension, conformément à l'art. 5 de la loi du 8 juillet 1852.

ART. 5. — La base de chaque liquidation sera la moyenne des appointements fixes (gratification annuelle non comprise) dont l'employé aura joui pendant les trois dernières années de son activité ; mais en cas de diminution de traitement depuis la cessation de la liste civile, cette moyenne sera établie sur les appointements fixes des trois années antérieures au 24 février 1848.

ART. 6. — Les indemnités viagères de retraite seront reversibles sur les veuves des employés et agents mariés avant le 24 février, et sur les enfants nés de ce mariage et orphelins de père et de mère dans les proportions déterminées par les articles suivants.

La veuve devra en outre justifier de cinq ans de mariage avec l'ayant-droit.

Dans le cas où l'employé ou l'agent serait décédé avant le règlement de l'indemnité, sa veuve où ses enfants exerceront directement et de leur chef leur droit de reversion.

ART. 7. — La portion reversible sur la veuve sera

de la moitié de l'indemnité viagère dont aura joui son mari, ou qu'il aurait été susceptible d'obtenir, si au moment du décès elle est âgée de cinquante ans, ou si elle a un ou plusieurs enfants au-dessous de l'âge de dix-huit ans, issus de son mariage avec l'ayant-droit, ou un enfant infirme, quel que soit son âge ; dans tous les autres cas, la portion reversible sera réduite au tiers.

Elle cessera de plein droit à l'égard de la veuve qui aura contracté un second mariage.

ART. 8. — La portion reversible sur les orphelins sera des deux tiers de celle qui aura été accordée à leur mère, ou qui lui aurait été accordée si elle eût survécu à son mari.

Cette portion sera partagée également entre tous les enfants ; elle s'éteindra proportionnellement sans reversion de l'un à l'autre, au fur et à mesure que chacun d'eux atteindra l'âge de vingt-un ans, ou viendra à décéder avant d'y être parvenu.

ART. 9. — Lorsque toutes les liquidations auront été opérées par la commission de la caisse de vétérance, elles seront révisées par la direction de la dette inscrite.

En cas d'insuffisance, le crédit de 320,000 fr. sera réparti proportionnellement et au marc le franc entre toutes les parties prenantes, et le chiffre de chaque liquidation ainsi réduit formera la quotité de l'indemnité fixe à inscrire définitivement au Trésor public au

10.

nom des titulaires; cette indemnité sera payée par trimestre.

ART. 10. — Les demandes en liquidation, rédigées sur papier timbré, devront être adressées au président de la commission de la caisse de vétérance dans le délai de quatre mois, déterminé par l'art. 4 de la loi du 8 juillet 1852; elles seront immédiatement enregistrées.

ART. 11. — Chaque réclamant sera tenu de produire :

1° Son acte de naissance ;

2° Ses états de service dûment certifiés ;

3° Une déclaration portant qu'au 30 avril 1852 il ne se trouvait point en possession d'un emploi rétribué sur les fonds de l'État.

S'il touchait à la date précitée un traitement d'activité sur les fonds des départements et des communes, le réclamant devra également en faire mention dans sa demande.

Les veuves auront en outre à produire une expédition de leur acte de mariage et de l'acte de décès de leur mari, et, s'il y a lieu, les actes de naissance et le certificat de vie des enfants issus de ce mariage ; les orphelins, une expédition de l'acte de mariage et de décès de leurs père et mère.

ART. 12. — Sont applicables à la fixation et à la

reversibilité des indemnités viagères de retraite
toutes les dispositions des règlements de l'ancienne
caisse de vétérance, en tant qu'elles ne sont pas contraires aux règles qui précèdent.

APPENDICE.

Nous donnons en appendice à la législation nouvelle sur les pensions civiles la loi du 3-22 août 1790 , le décret du 13 septembre 1806, et un extrait des anciens règlements des caisses de retraite supprimées.

Les dispositions de la loi du 3-22 août 1790 et du décret du 13 septembre 1806 continuent à être appliquées aux ministres secrétaires d'Etat, aux membres du conseil d'Etat, aux préfets et sous-préfets [1], et servent en partie de base à la liquidation de la pension des fonctionnaires qui en obtenaient une sur fonds généraux avant la loi du 9 juin 1853, et qui, au 1er janvier 1854, n'auront pas accompli la durée de services exigée pour faire valoir leur droit à la retraite [2].

Les anciens règlements des caisses de retraite supprimées devaient trouver place ici, par la raison que nous venons d'indiquer [3]. Ainsi les services admissibles, d'après ces anciens règlements, viendront s'ajouter à ceux que les fonctionnaires continueront à rendre après le 1er janvier 1854, pour établir leur droit à la pension; ils seront comptés dans la liquidation de leur pension à raison d'un soixantième par année du traitement moyen des trois, quatre ou six dernières années qui servaient de base à la liquidation d'après les anciens règlements Les services postérieurs au 1er janvier 1854 seront liquidés à raison d'un soixantième du traitement moyen des six dernières années. Mais aucun de ces fonctionnaires

---

[1] V. l'art. 32 de la loi du 9 juin 1853.
[2] V. l'art. 18 de la loi du 9 juin 1853.
[3] Idem.

n'aura droit à pension s'il ne réunit la double condition de soixante ans d'âge et trente ans de services, sauf les dérogations contenues dans l'art. 11 et le second paragraphe de l'article 5 de la loi du 9 juin 1853.

Nous avons dit, à la page 63, en invoquant la jurisprudence du conseil d'Etat, que les pensions des veuves des fonctionnaires en exercice au 1er janvier 1854 devaient être soumises au bénéfice de cette double liquidation ; mais cette opinion ne nous semble pas conforme à l'esprit de l'art. 18.

En introduisant cette double liquidation, le législateur a voulu conserver aux fonctionnaires en exercice au 1er janvier 1854 les avantages de la liquidation que leur assuraient les anciens règlements [1] ; ce dont il pouvait se dispenser, car « l'Etat s'est toujours attribué le droit d'être le régulateur « souverain des caisses de retraite, d'en changer les conditions, d'introduire de nouvelles classes d'ayant-droit, de supprimer certaines caisses, de leur enlever leur actif, et d'en « doter une caisse nouvelle. L'Etat n'agissait ainsi que parce « qu'il reconnaissait que le service des pensions était une de « ces charges publiques que l'intérêt lui commande de ne pas « décliner, et que les retenues n'étaient à ses yeux que l'un « des moyens de faire face à cette dépense » [2].

Il serait contraire à toute raison comme à toute justice que l'avantage conservé au mari ne profitât pas à sa veuve. C'est sous l'influence de cette pensée que nous avions indiqué une double liquidation pour les veuves ; mais les art. 13, 14, 15, de la loi du 9 juin 1853, leur étant plus favorables que les dispositions des anciens règlements, devront seuls être appliqués à la liquidation des pensions des veuves des fonctionnaires en exercice au 1er janvier 1854.

---

[1] La plupart des règlements des caisses de retraite liquidaient les pensions sur la moyenne du traitement des trois ou quatre dernières années, et la loi de 1853 prend pour base le traitement des dix dernières années.

[2] Exposé des motifs de la loi de 1853.

GRANDS FONCTIONNAIRES DE L'ÉTAT.

(Loi du 3-22 août 1790 [1]).

ARTICLE 1ᵉʳ. — L'État doit récompenser les services rendus au corps social, quand leur importance et leur durée méritent ce témoignage de reconnaissance. La nation doit aussi payer aux citoyens le prix des sacrifices qu'ils ont faits à l'utilité publique.

ART. 2. — Les seuls services qu'il convient de récompenser sont ceux qui intéressent la société entière. Les services qu'un individu rend à un autre individu ne peuvent être rangés dans cette classe qu'autant qu'ils sont accompagnés de circonstances qui en font réfléchir l'effet sur tout le corps social.

ART. 3. — Les sacrifices dont la nation doit payer le prix sont ceux qui naissent des pertes qu'on éprouve

[1] Les dispositions de la loi du 22 août 1790 et du décret du 13 septembre 1806 continueront à être appliquées :

Aux ministres secrétaires d'État ;

Aux sous-secrétaires d'État ;

Aux membres du conseil d'État ;

Aux préfets et sous-préfets.

Les dispositions des art. 19, 22, 23, 24, 25, 26, 27, 28, 29, 30 et 31 de la loi du 9 juin leur seront aussi applicables. (V. les articles 32, 34, de la loi du 9 juin 1853.)

en défendant la patrie, ou des dépenses qu'on a faites pour lui procurer un avantage réel et constaté.

ART. 4. — Tout citoyen qui a servi, défendu, illustré, éclairé sa patrie, ou qui a donné un grand exemple de dévoûment à la chose publique, a des droits à la reconnaissance de la nation, et peut, suivant la nature et la durée de ses services, prétendre aux récompenses [1].

ART. 6. — Il y aura deux espèces de récompenses pécuniaires, les pensions et les gratifications. Les premières sont destinées au soutien du citoyen qui les aura méritées; les secondes, à payer le prix des pertes souffertes, des sacrifices faits à l'utilité publique.

ART. 7. — Aucune pension ne sera accordée à qui que ce soit avec clause de reversibilité ; mais, dans le cas de défaut de patrimoine, la veuve d'un homme mort dans le cours de son service public pourra obtenir une pension alimentaire, et les enfants être élevés aux dépens de la nation jusqu'à ce qu'elle les ait mis en état de pourvoir eux-mêmes à leur subsistance [2].

---

[1] Les pensions accordées aux gens de lettres ne constituent pas pour ceux qui les obtiennent un droit irrévocablement acquis, ce qu'un ministre donne, un autre ministre peut l'enlever.

[2] L'art. 7 du titre 1er du décret du 3-22 août 1790, qui porte que « dans le cas de défaut de patrimoine, la veuve d'un homme mort « dans le cours de son service public pourra obtenir une pension ali- « mentaire, et les enfants être élevés aux dépens de la nation, » s'entend des veuves et enfants des militaires et autres fonctionnaires publics qui, étant actuellement employés, meurent de blessures reçues dans

Art. 17. — Aucun citoyen, hors le cas de blessures reçues ou d'infirmités contractées dans l'exercice de fonctions publiques, et qui les mettent hors d'état de les continuer, ne pourra obtenir de pension qu'il n'ait 30 ans de services effectifs et ne soit âgé de 50 ans.

Art. 21. — Le fonctionnaire public, ou tout autre citoyen au service de l'État, que ses blessures ou infirmités obligeront de quitter son service ou ses fonctions avant les trente années expliquées ci-dessus, recevra une pension déterminée par la nature et la durée de ses services, le genre de ses blessures et l'état de ses infirmités.

(Décret du 13 septembre 1806.)

Art. 3. — La pension ne pourra être liquidée s'il n'y a trente ans de services effectifs et soixante ans

l'exercice de leurs fonctions , ou de maladies que l'on constatera avoir été causées par l'exercice des mêmes fonctions (déc. du 18-22 août 1791).

La veuve d'un fonctionnaire public mort dans l'exercice de ses fonctions, qui réclame une pension alimentaire aux termes des lois des 3-22 août 1790 et 18-22 août 1791, ne peut agir que par voie de just'ce gracieuse et non par voie administrative : ces lois ne donnent pas un *droit positif* exigible par la voie contentieuse ; elles donnent seulement à l'administration et au gouvernement la faculté d'accorder cette pension selon l'ensemble des convenances (ordon. du 17 juin 1820. Sirey, xxi , 2, 86).

La loi du 9 juin 1853 ne modifie en rien cette jurisprudence.

« Le château de Saverne sera restauré et achevé, pour servir d'asile aux veuves des hauts fonctionnaires civils et militaires morts au service de l'État » (Déc. du 22 janvier 1852.)

11

d'âge [1], à moins que ce ne soit pour cause d'infirmités. Elle sera liquidée au sixième du traitement dont le pétitionnaire aura joui pendant les quatre dernières années de son service.

ART. 4. — Chaque année de services ajoutée aux trente ans effectifs produira une augmentation à la pension. Cette augmentation sera du trentième des cinq sixièmes restants.

ART. 5. — La pension ne pourra être liquidée au-dessus soit de 1,200 fr. pour les traitements qui n'excéderont pas 1,800 fr., soit des deux tiers des traitements qui seront au-dessus de 1,800 fr., soit enfin de 6,000 fr. à quelque somme que monte le traitement

---

MINISTÈRE D'ÉTAT. — MAISON DE L'EMPEREUR. — DOMAINE DE LA COURONNE [2].

(24 novembre-3 décembre 1852.)

ART. 1er. — Les fonctionnaires, agents et employés de tous grades ressortissant au ministère d'État

---

[1] Les années de services qu'on aurait remplies dans les emplois civils hors d'Europe seront comptées pour deux années lorsque les trente ans de services effectifs seront d'ailleurs complets (l. 1790, art. 15, titre II).

[2] Sont et demeurent applicables aux fonctionnaires, agents et em-

sont déclarés tributaires de la caisse des retraites du département des finances, et soumis aux conditions réglées par l'ordonnance du 12 janvier 1825 [1].

ART. 2. — Ceux de ces employés qui étaient tributaires des caisses de retraite déjà existantes, et ceux qui obtenaient pension sur fonds généraux, seront liquidés dans les proportions et aux conditions réglées par l'ordonnance du 12 janvier 1825, pour leurs services postérieurs au décret du 22 janvier 1852 portant création du ministère d'État, et pour leurs services antérieurs, conformément, soit aux règlements spéciaux, soit aux loi et décret des 22 août 1790 et 13 septembre 1806, qui régissaient respectivement leur situation.

Toutefois, les fonctionnaires, agents et employés qui, au moment de la création du ministère d'État, auront accompli les conditions exigées par les règlements spéciaux, lois et décrets précités, pourront en obtenir l'application dans la liquidation de leur pension.

ART. 3. — Les fonctionnaires, employés ou agents, maintenus ou replacés depuis le 24 février 1848 dans

ployés du ministère de la maison de l'Empereur, attachés à l'administration de la dotation de la couronne, les dispositions prescrites par le décret du 24 novembre 1852 pour le règlement des pensions de retraite des fonctionnaires et employés du ministère d'État (*décret des 31 décembre 1852, 11 janvier 1853*).

[1] V. plus loin, *Min des finances.*

un service ressortissant au ministère d'État, sont admis à jouir du bénéfice du § 3 de l'art. 2 de la loi du 8 juillet 1852[3], pour ceux de leurs services postérieurs au 24 février 1848, qui n'ont pas subi la retenue réglementaire.

ART. 4. — Les employés que l'art. 2 de la loi du 8 juillet dernier autorise à verser la retenue pour leur temps de services dans l'administration de l'ancienne liste civile effectueront ce versement à la caisse des retraites de l'administration des finances, soit en un paiement unique, soit au moyen d'une retenue complémentaire à ajouter à la retenue mensuelle de cinq pour cent.

Ladite retenue complémentaire, déterminée d'après le temps de services restant à courir pour la mise à la retraite, ne pourra être inférieure à cinq pour cent, ni supérieure à quinze pour cent.

ART. 5. — Dans le cas où la mise à la retraite de l'employé s'effectuerait avant que le montant des retenues complémentaires ait atteint le chiffre du décompte à la charge de l'employé, il sera perçu sur la pension, jusqu'à la liquidation définitive, une retenue exceptionnelle de cinq pour cent.

ART. 6. — Ceux de ces fonctionnaires qui ont joui antérieurement d'un traitement sur les fonds du Trésor et qui ont subi la retenue du premier douzième dudit traitement, ne devront verser que la retenue du pre-

---

[3] V. le texte de cette loi, p. .

mier douzième de l'augmentation qu'ils auront obtenue.

Art. 7. — Dans le cas où un employé décéderait avant d'avoir complété le versement de la retenue autorisée par la loi du 8 juillet 1852, sa veuve est autorisée à verser en un paiement unique le complément de ladite retenue, pour assurer son droit personnel à la pension.

Art. 8. — La liquidation des pensions à concéder, en vertu du présent décret, sera proposée par le ministre d'État et transmise au ministre des finances, qui la soumettra, avec son avis, à l'examen du comité spécial du conseil d'État.

Le décret de concession sera rendu sur la proposition du ministre des finances.

CHANCELLERIE DE LA LÉGION-D'HONNEUR.

(Ordonnance du 16 mai 1810.)

Art. 6. — Les employés des bureaux de la grande chancellerie pourront, après trente ans de services effectifs, ou lorsqu'au terme de vingt-cinq ans de pareils services, ils auront atteint l'âge de soixante ans, obtenir une pension de retraite pour laquelle on comptera tout le temps d'activité dans l'état militaire et dans les autres administrations publiques qui ressortissaient au gouvernement, quoique étrangères à celle dans laquelle les employés se trouvent placés, et sous la condition qu'ils auront au moins dix ans de services dans la grande chancellerie.

La pension pourra cependant être accordée avant trente ans de services, ou vingt-cinq ans de services et soixante ans d'âge, à ceux que des accidents ou des infirmités rendraient incapables de continuer les fonctions de leur place, ou qui, par le fait de la suppression de leur emploi, se trouveraient réformés après dix ans de services et au-dessus [1].

ART. 7. — Pour déterminer la fixation de la pension, il sera fait une année moyenne de traitement fixe dont les réclamants auront joui pendant les trois dernières années de leur service [2].

---

[1] Le droit à pension de retraite par ancienneté n'est acquis aujourd'hui qu'à soixante ans d'âge, et après trente ans de services, sans condition d'un minimum de services dans la grande chancellerie. Le titulaire qui est reconnu par le ministre hors d'état de continuer ses fonctions, est dispensé de la condition d'âge, c'est-à-dire qu'il peut obtenir pension avant l'âge de soixante ans, mais après trente ans de services. V. l'art. 5 de la loi du 9 juin 1853, et 30 du décret du 9 novembre 1853.

Peuvent également obtenir pension, s'ils comptent cinquante ans d'âge et vingt ans de services, ceux que les infirmités graves, résultant de l'exercice de leurs fonctions, mettent dans l'impossibilité de les continuer, ou dont l'emploi aura été supprimé. V. les art. 11 et 12 de la loi du 9 juin 1853.

[2] V. les art. 6 et 18 de la loi du 9 juin 1853 et les notes.

Art. 8. — La pension accordée après trente ans de services, ou vingt-cinq ans de services et soixante ans d'âge, ne pourra excéder la moitié de la somme réglée par l'article précédent; elle s'accroîtra du vingtième de cette moitié pour chaque année de services au-dessus desdits trente ans ou vingt-cinq ans, sans que, dans aucun cas, la retraite puisse excéder la somme de 6,000 fr. pour les chefs de division, de 4,000 fr. pour les chefs de bureau, de 3,000 pour les sous-chefs, et de 2,000 pour les autres employés [1].

Art. 9. — La pension accordée avant trente ans de services dans les cas prévus par le second paragraphe de l'art. 6 sera, pour dix ans de services, du sixième du traitement fixé conformément à l'art. 7; elle s'accroîtra d'un soixantième de ce traitement pour chaque année de services au-dessus de dix ans [2].

Art. 10. — Dans le cas de réforme par suite d'organisation, de suppression d'emploi ou infirmités, les employés qui n'auront pas dix ans de services dans la grande chancellerie n'auront pas droit à une pension, mais ils recevront, sur la décision de notre grand chancelier, la totalité de la retenue qu'ils auront supportée, sans qu'il leur soit tenu compte des intérêts [3].

---

[1] V. l'art. 7 de la loi du 9 juin 1853.

[2] V. les art. 11 et 12 de la loi du 9 juin 1853 et les notes.

[3] Les fonctionnaires et employés directement rétribués par l'État et soumis à la retenue supportent cette retenue sans pouvoir la répéter dans aucun cas; leur droit à pension, en cas d'infirmités ou de sup-

Art. 11.—La veuve d'un employé ne peut prétendre à une pension qu'autant que son mari est mort dans l'exercice de son emploi, ou jouissant d'une pension de retraite sur les fonds de retenue ; qu'elle aura été mariée cinq ans avant la mort de l'employé décédé en activité, ou avant la retraite de l'employé non pensionné, et qu'elle ne contractera pas de nouveau mariage [1].

Art. 12.—La pension de la veuve sera du quart de la pension de retraite à laquelle son mari aurait eu droit, ou dont il aura joui. Elle pourra s'élever à la moitié de la pension, si la veuve est âgée de cinquante ans au moment du décès de son mari, ou s'il laisse à sa charge un ou plusieurs enfants au-dessous de vingt ans [2].

pression de leur emploi, ne s'ouvre que conformément aux art. 5 et 11 de la loi du 9 juin 1853, et n'est liquidé que suivant les règles fixées par l'art. 12.

[1] A droit à pension la veuve du fonctionnaire qui a obtenu une pension de retraite ou qui a accompli la durée de service nécessaire pour l'obtenir, pourvu que le mariage ait été contracté six ans avant la cessation des fonctions du mari. Le droit à pension n'existe pas pour la veuve en cas de séparation de corps prononcée sur la demande du mari. V. l'art. 13 de la loi du 9 juin 1853. En présence du silence de la loi, nous ne pensons pas que la veuve qui se remarie perde la jouissance de sa pension.

[2] La pension de la veuve est du tiers de celle que le mari avait obtenue, ou à laquelle il aurait eu droit. Elle ne peut être inférieure à cent francs, sans toutefois excéder celle que le mari aurait obtenue ou pu obtenir. V. l'art 13 de la loi du 9 juin 1853.

Art. 13.—Les deux tiers de la pension dont la veuve jouira jusqu'à la date d'un nouveau mariage, ou jusqu'à sa mort, seront reversibles, à cette époque, à titre de secours annuel, aux enfants nés de son mariage avec l'employé décédé ; et si l'employé est mort veuf, les orphelins qu'il laissera, quel que soit leur nombre, recevront également, à titre de secours annuel, les deux tiers de la pension à laquelle leur mère aurait eu droit, si elle avait survécu à son mari [1].

Art. 14. — Le secours annuel se distribuera par égales portions entre les orphelins, et s'éteindra à mesure que chacun aura atteint sa vingtième année [2].

Art. 15.—Nul employé démissionnaire n'a droit de prétendre au remboursement des retenues exercées sur son traitement, ni à aucune indemnité, à moins d'une décision spéciale de notre grand chancelier : mais si, par la suite, il était admis à rentrer dans les bureaux de la grande chancellerie, le temps de son premier service compterait pour la pension.

Art. 16.—Tout employé destitué perd ses droits à la pension, quand il aurait le temps nécessaire pour l'obtenir : il ne peut prétendre au remboursement des sommes retenues sur son traitement pour la pension, ni à aucune indemnité.

Art. 17.—Lés surnuméraires et les auxiliaires ne comptent point parmi les employés de la grande

[1-2] l'art. 16 de la loi du 9 juin 1853.

chancellerie, ne sont assujétis à aucune retenue et n'auront droit à aucune pension de retraite.

—

Dames de la maison impériale de Saint-Denis [1].

(Ordonnance du 3 mars 1816.)

Art. 55. — La dame de seconde classe qui aura passé dix années dans la maison, en sus du noviciat, jouira d'une pension de retraite de 250 francs ; après quinze ans, cette pension sera de 375 fr., et ainsi progressivement de cinq ans en cinq ans, de manière cependant que le maximum n'excède jamais 800 fr.

Art. 56. — La dame de première classe, qui aura passé douze années en cette qualité dans la maison, aura une pension de retraite de 400 fr., en sus de celle à laquelle elle aura droit pour le nombre d'années pendant lesquelles elle aurait rempli les fonctions de dame de seconde classe.

Après dix-huit années cette pension sera de 600 fr., et ainsi progressivement de six ans en six ans, avec la faculté de cumuler accordée par le paragraphe ci-dessus, de manière cependant que le maximum n'excède jamais 1,200 fr.

---

[1] Ces pensions sont à la charge de la grande chancellerie de la Légion-d'Honneur, et toujours liquidées conformément à l'ordonnance du 3 mars 1810. (B. VII. 565.)

MINISTÈRE DE LA JUSTICE.

Magistrature. — Juges de paix. — Employés des bureaux du ministère de la justice, de la chancellerie et du conseil d'État [1].

(Ordonnance du 23 septembre 1814.)

ART. 4. — Les officiers de nos cours, tribunaux et justices de paix, ainsi que les fonctionnaires et employés de la chancellerie, n'auront droit à la pension de retraite qu'après trente ans de services publics effectifs, dont au moins dix ans dans l'ordre judiciaire ou à la chancellerie [2].

ART. 5. — Toutefois, elle pourra être accordée avant ce terme à ceux desdits officiers et employés que des accidents ou des infirmités rendraient incapables de continuer leurs fonctions, ou qui se trouveraient réformés par le fait de la suppression de leur emploi, pourvu qu'ils aient au moins dix années de

[1] Une ordonnance royale du 19 juin 1816 a rendu commune aux employés du conseil d'Etat l'ordonnance du 23 septembre 1814.

[2] Le minimum de dix ans de services dans l'ordre judiciaire ou la chancellerie n'est plus exigé. mais il faut réunir à trente ans de services soixante ans d'âge, pour avoir droit à la pension de retraite par ancienneté. V. les art. 5, 11 et 18 de la loi du 9 juin 1853 et le décret du 1er mars 1852, qui contiennent les dérogations à cette règle.

services dans nos cours, tribunaux et justices de paix ou dans la chancellerie [1].

Art. 6. — On comptera comme services effectifs tout le temps d'activité dans les fonctions législatives, judiciaires ou administratives ressortissant au gouvernement.

Art. 7. — La pension acquise après trente ans de services sera de moitié du traitement. Elle s'accroîtra du vingtième de cette moitié pour chaque année de services au-delà de trente ans [2].

Art. 8. — La pension accordée avant trente ans de services, et dans le cas prévu par l'art. 5 des présentes, sera du sixième du traitement pour dix ans de services. Elle s'accroîtra d'un soixantième de ce traitement pour chaque année de services au-delà de dix ans, sans que pour cela elle puisse jamais excéder celle qui est accordée pour trente années [3].

[1] Le fonctionnaire reconnu par le ministre hors d'état de continuer ses fonctions est dispensé de la condition d'âge pour obtenir pension par ancienneté, mais il doit avoir trente ans de services.

Si des infirmités graves, résultant de l'exercice de leurs fonctions, les mettent dans l'impossibilité de les continuer, ou si leur emploi a été supprimé, les magistrats pourront obtenir pension à cinquante ans d'âge et après vingt ans de services.

Les magistrats mis à la retraite, en vertu du décret du 1er mars 1852, peuvent obtenir pension après vingt ans de services; et après quinze ans, s'ils ont été nommés avant le 1er janvier 1854.

[2] V. l'art. 7 de la loi du 9 juin 1853.

[3] La pension qui pouvait être accordée avant trente ans d'exercice,

Art. 9. —La fraction de services au-dessous de sept mois ne sera pas comptée ; celle de sept mois et au-dessus le sera pour une année.

Art. 10. — La quotité de la pension sera réglée, dans tous les cas, sur le taux moyen du traitement dont les officiers de justice et employés auront joui pendant les trois dernières années de leurs services [1].

(Ordonnance du 17 août 1824.)

Art. 1er.—La veuve d'un magistrat a droit à une pension sur les fonds de retenue du ministère de la justice :

1° Lorsqu'au moment du décès de son mari celui-ci avait trente ans de services susceptibles d'être récompensés, soit que la pension du mari ait été liquidée, ou que la liquidation n'en ait pas encore été faite ;

2° Lorsque son mari est décédé jouissant d'une pension de retraite concédée pour moins de trente

dans les cas prévus et sous les conditions déterminées par l'art. 5 de l'ordonnance du 23 septembre 1814, était, pour les dix premières années, du tiers de celle qui aurait été acquise pour trente années de services, avec accroissement du trentième pour chaque année de services au-dessus de dix ans (ord. du 22 fév. 1821). Aujourd'hui la pension n'est liquidée qu'à raison d'un soixantième du traitement moyen pour chaque année de services civils. V. l'art. 12 de la loi du 9 juin 1853.

[1] Elle est réglée aujourd'hui sur le taux moyen du traitement des six dernières années. V. l'art. 6 de la loi du 9 juin 1853.

ans de services et liquidée postérieurement à la publication de la présente ordonnance.

Art. 2. — Dans le cas de l'article précédent, la pension de la veuve sera du tiers de celle dont le mari jouissait ou qu'il aurait eu le droit d'obtenir; elle ne pourra néanmoins être au-dessous de 100 francs.

Art. 7. — Il ne sera point accordé de pension sur les fonds de retenue du ministère de la justice aux veuves qui n'auront point été mariées cinq ans avant la cessation des fonctions de leur mari, non plus qu'à celles qui seront séparées de corps lorsque la séparation aura été prononcée sur la demande de leur mari[1].

Art. 9. — La pension des veuves qui contracteront un nouveau mariage cessera de plein droit dès le jour de la célébration [2].

Art. 12. — Les dispositions de la présente ordonnance sont applicables aux veuves des chefs et employés des bureaux du ministère de la justice et du conseil d'État.

(Décret du 2 octobre 1807.)

Art. 1er. — Ceux de nos officiers, dans nos cours de cassation, d'appel, de justice criminelle, ou dans nos tribunaux de première instance, que la cécité, la surdité ou d'autres infirmités graves mettraient hors

[1-2] V. l'art. 13 de la loi du 9 juin 1853.

d'état d'exercer leurs fonctions, seront admis à prendre leur retraite.

Art. 2. — Lorsque ceux qui se trouveront dans l'un des cas ci-dessus déterminés négligeront de demander leur retraite, nos présidents et nos procureurs généraux en donneront avis à notre grand-juge, ministre de la justice, qui, après avoir demandé les observations de celui auquel on propose d'accorder une retraite, nous en fera son rapport, pour être par nous statué ainsi qu'il appartiendra.

Art. 3. — Les officiers de nos cours et tribunaux, en retraite, conserveront leur titre, leur rang et leurs prérogatives honorifiques, sans néanmoins pouvoir exercer leurs fonctions : ils continueront d'être portés sur le tableau, et d'assister aux cérémonies publiques.

(Loi du 16 juin 1824 [1].)

Art. 1er. — Dans le cas où il y aura lieu d'admettre à la retraite les membres de nos cours et tri-

---

[1] La loi du 16 juin 1824 en prescrivant la mise à la retraite des magistrats atteints d'infirmités graves et permanentes avait fait un premier pas dans la voie ouverte par le décret du 1er mars 1852, posant la limite d'âge comme principe de la retraite forcée. Mais vague dans ses énonciations, inefficace dans les combinaisons adoptées pour atteindre le but proposé, elle n'a en rien remédié au mal qu'elle voulait attaquer. Depuis 1824 un grand nombre de tribunaux ont subi la présence inutile de magistrats que l'âge ou des infirmités rendaient impropres à leurs fonctions, et dans bien peu de cas il a été possible

bunaux, que des infirmités graves et permanentes mettraient hors d'état d'exercer leurs fonctions, il y sera pourvu dans les formes et sous les conditions prescrites par les articles suivants.

ART. 2. — Il sera formé une commission composée du premier président, des présidents de chambre et du doyen de la cour à laquelle appartiendra le magistrat désigné, ou dans le ressort de laquelle sera établi le tribunal dont il fera partie, à l'effet de décider préalablement s'il y a lieu de procéder à la vérification de l'état et de la santé de ce magistrat.

ART. 3.—Cette commission sera convoquée d'office par le premier président ou sur la réquisition du procureur général.

ART. 4. — Le procureur général assistera aux

de vaincre la force d'inertie qui s'opposait à toute mesure de sévérité nécessaire. Le sentiment de la confraternité, l'intérêt qui s'attachait à la position personnelle de tel ou tel magistrat honorable , mais impotent, tous ces motifs ont assuré la continuation des abus et fait tomber presque en désuétude la loi du 16 juin 1824. Aussi *tout en conservant à cette loi son autorité, tout en la réservant, afin de pourvoir à certaines nécessités qui peuvent encore se présenter*, et dans lesquelles un pouvoir juste et fort saura tirer avantage des dispositions de la loi de 1824, j'ai pensé, monseigneur, qu'il fallait arriver à une mesure plus efficace et plus pratique : réclamée par l'opinion publique, cette mesure est approuvée par tous les magistrats qui, moins préoccupés de leur propre intérêt que de l'intérêt public, feront avec dignité le sacrifice de leur position à l'intérêt bien entendu de la magistrature et de la justice. » ABBATUCCI, Rapport au prince-président de la République, du décret du 1er mars 1852 (*Bull. off.*, 495, no 3709). V. l'art. 5 et les notes de la loi du 9 juin 1853.

délibérations de la commission et y sera entendu.

ART. 5. — Il sera dressé, dans tous les cas, procès-verbal des réquisitions de la commission.

ART. 6. — Si la commission est d'avis qu'il existe des motifs suffisants de croire à la réalité de l'infirmité alléguée, elle ordonnera qu'il en sera référé au garde-des-sceaux, ministre et secrétaire d'État au département de la justice. Dans le cas contraire, elle déclarera qu'il n'y a lieu à procéder à de plus amples vérifications.

ART. 7. — Lorsque la commission déclarera qu'il en sera référé, les pièces seront transmises dans les trois jours au garde-des-sceaux qui ordonnera, s'il y a lieu, qu'il soit informé.

ART. 8. — Si le garde-des-sceaux ordonne qu'il en soit informé, la cour sera immédiatement convoquée en assemblée générale des chambres, et nommera un ou plusieurs commissaires pour procéder à l'information.

ART. 9. — Les commissaires délégués par la cour recueilleront tous les documents nécessaires, et recevront, selon l'exigence des cas, les déclarations des témoins et des gens de l'art. Ils recevront également les explications écrites ou verbales que voudra fournir le magistrat réputé atteint d'une infirmité incurable. Si le magistrat refuse, ou ne peut donner les explications demandées, il en sera fait mention au procès-verbal.

Art. 10. — L'information sera communiquée après sa clôture au procureur général, qui pourra requérir ce qu'il appartiendra.

Art. 11. — Les commissaires feront leur rapport dans les trois jours de la clôture définitive de l'information. La cour, après avoir entendu le procureur général, déclarera si elle est d'avis qu'il y ait lieu d'admettre à la retraite le magistrat désigné [1].

Art. 12. — Dans le cas de l'affirmative, cette mesure pourra être proposée au roi par le garde-des-sceaux, ministre et secrétaire d'État de la justice.

Art. 13. — Les magistrats admis à la retraite en vertu de la présente loi auront droit à une pension qui sera liquidée conformément aux lois et aux règlements [2]. Ils pourront recevoir en outre le titre de président, de conseiller ou de juge honoraire, et jouiront des priviléges honorifiques attachés à ce titre.

---

[1] Après le rapport sur l'information, le ministère public donne des conclusions, mais il n'a pas le droit d'assister à la délibération. La retraite forcée d'un magistrat ne rentre ni dans le service intérieur de la cour, ni dans les matières d'ordre public, dans le cercle des attributions des cours impériales. Il n'y a donc pas lieu d'appliquer les art. 88 du décret du 30 mars 1808 et 66 de la loi du 6 juillet 1810. Du 19 mars 1845, arrêt C. de cass., ch. req., MM. Zangiacomi prés., Lassagni, rapp., Dupin, proc. gén. Concl. contr. (J. du P., t. II, 1848, p. 86).

[2] La pension qui pouvait être accordée avant trente ans d'exercice était pour les dix premières années du tiers de celle qui aurait été acquise pour trente années de service, avec accroissement du tren-

Art. 14. — Lorsque la proposition tendant à faire admettre à la retraite aura été rejetée, soit par la commission d'examen formée en l'exécution de l'art. 2, soit par la cour, elle ne pourra être reproduite qu'après le délai de deux années.

Art. 15. — La présente loi sera applicable à la cour des comptes. En ce cas, l'ordre d'informer sera donné et la proposition d'admettre à la retraite sera faite par le ministre secrétaire d'État des finances.

(Décret du 1er mars 1852.)

Article 1er. — Sont mis de plein droit à la retraite les membres de la Cour de cassation à l'âge de soixante-quinze ans accomplis ; les magistrats des cours d'appel et des tribunaux de première instance à l'âge de soixante-dix ans accomplis [1].

Art. 2. — Les magistrats mis à la retraite à raison de leur âge feront valoir leurs droits à une pension conformément aux lois et ordonnances existantes, sans être tenus de justifier d'infirmités contractées dans l'exercice de leurs fonctions [2].

tième pour chaque année de service au-dessus de dix ans (V. ord. du 23 septembre 1814 , art. 5 ; ord. du 22 fév. 1821, art. 1). V. ce que nous avons dit sous l'art. 5 de l'ordonnance du 23 septembre 1814 ; et les art. 5 et 12 de la loi du 9 juin 1853.

[1] Voy. le décret du 2 octobre 1807 et la loi du 16 juin 1824.

[2] Voy. les art. 5, 11, 18 de la loi du 9 juin 1853

Art. 3. — Les magistrats qui auront atteint l'âge fixé par l'art. 1ᵉʳ ne cesseront leurs fonctions que lorsqu'ils auront été remplacés.

Art. 4. — Lorsqu'un magistrat inamovible, de cour d'appel ou de première instance, aura été frappé par mesure disciplinaire de la suspension provisoire, la décision contre lui rendue sera transmise au garde-des-sceaux, ministre de la justice, qui dénoncera, s'il y a lieu, le magistrat à la Cour de cassation. Cette cour pourra, selon la gravité des faits et après avoir entendu le magistrat inculpé en la chambre du conseil, le déclarer déchu de ses fonctions [1].

Art. 5. — Elle pourra aussi prononcer la peine de la déchéance contre le magistrat traduit directement devant elle dans le cas prévu par l'art. 82 du sénatus-consulte du 16 thermidor an x [2].

---

[1] Où la loi pénale se tait, la discipline établie pour l'ordre judiciaire saisit le magistrat qui compromet sa dignité : elle veille sur lui pour le ramener dans les voies de l'honneur et de la délicatesse lorsqu'il s'en écarte. Si le garde-des-sceaux, qui exerce sur la question de discipline une direction supérieure, reconnaît que le magistrat suspendu ne peut remonter sur son siége que pour y trouver le mépris ; si le juge expulsé momentanément peut en reprenant ses fonctions nuire à la considération dont la magistrature doit être jalouse, le ministre de la justice le dénoncera à la Cour de cassation, afin que cette cour prononce s'il y a lieu la déchéance. (V. l'art. 17 du décret du 9 novembre 1853 et la note.)

[2] « Art. 82.—Le tribunal de cassation présidé par le grand-juge « ministre de la justice a droit de censure et de discipline sur les tri- « bunaux d'appel et les tribunaux criminels ; il peut pour cause grave

Magistrats de la cour des comptes [1].

(Décret du 19-30 mars 1852.)

ART. 1er. — Les dispositions du décret du 1er mars 1852 relatives à la mise à la retraite de plein

« suspendre les juges de leurs fonctions, les mander près du grand-
« juge pour y rendre compte de leur conduite. »

Depuis le décret du 1er mars 1852, la Cour de cassation peut prononcer la déchéance, dans les cas où la suspension provisoire autorisée par le sénatus-consulte de l'an x lui paraîtrait une peine trop légère.

Il faut dire à l'éloge de la magistrature que cette disposition a été bien rarement appliquée, et dans ces rares occasions la passion politique n'y fut pas toujours étrangère.

Le magistrat inculpé peut-il se faire assister d'un défenseur?

La Cour de cassation exerçant le pouvoir censorial doit-elle juger publiquement ou à huis-clos?

Il n'y a pas encore, sur ces questions, de jurisprudence proprement dite. Dans chaque affaire elle apprécie ce qui doit être selon les circonstances et les convenances particulières.

V. DEVILL., 21, 1, 48. — 33, 1, 563. — 33, 1, 566. — 44, 1, 147. — TARBÉ, p. 89.

La Cour de cassation exerçant son pouvoir censorial statue toutes les chambres réunies. — Les termes de l'art. 82 semblent faire de la présence du ministre une condition essentielle de la compétence de la Cour de cassation. Toutefois, depuis 1830, les arrêts rendus en matière de discipline l'ont été hors sa présence. Mais il n'en conserve pas moins le choix de présider accidentellement la Cour de cassation lorsqu'elle

[1] La pension de retraite des magistrats de la Cour des comptes était liquidée conformément à la loi de 1790 et du décret du 13 septembre 1806. Elle l'est aujourd'hui par la loi du 9 juin 1853.

droit des membres de la Cour de cassation sont applicables au premier président de la cour des comptes, aux présidents de chambre et aux conseillers-maîtres près la même cour.

Les dispositions de ce décret relatives à la retraite de plein droit des membres des cours d'appel et tribunaux sont applicables aux conseillers référendaires.

Art. 2. — Les dispositions des art. 2 et 3 du décret précité du 1er mars sont applicables à la cour des comptes.

Art. 3. — La cour des comptes peut d'office, ou sur la réquisition du procureur général, prononcer contre ceux de ses membres qui auraient manqué aux devoirs de leur état ou compromis la dignité de leur caractère : 1° la censure ; 2° la suspension des fonctions ; 3° la déchéance [1].

Art. 4. — Les délibérations de la cour prononçant la déchéance ne seront exécutoires qu'en vertu d'un

exerce le pouvoir censorial. La Charte de 1814 ayant reconnu le principe de l'inamovibilité maintenu dans nos constitutions politiques, la présidence de la Cour de cassation, même dans les affaires disciplinaires, par un magistrat amovible, homme du pouvoir, dénonciateur du fait dont il va être juge, est contraire à tous les principes, à toutes les règles de la justice et de l'équité ; aussi depuis longtemps a-t-on laissé ce droit tomber en désuétude, mais il subsiste toujours jusqu'à ce qu'une loi expresse ait abrogé le sénatus-consulte de 1810. — *Réq.* du proc. gén. Dupin, Devill., 1844, 4, 147. Tarbé, p. 90. C'est aussi l'opinion de la Cour de cassation.

[1] V. l'art. 17 du décret du 9 novembre 1853 et les notes, p. 97-98.

décret du président de la République, rendu sur le rapport du ministre des finances.

—

Magistrats coloniaux.

Aux termes de l'art. 1er de la loi du 18 avril 1831, sur les pensions de l'armée de mer, déclaré applicable, par l'art. 24 de la même loi, aux magistrats coloniaux, le droit à une pension de retraite à titre d'ancienneté n'était ouvert pour ces derniers qu'après vingt-cinq ans de services effectifs. La loi du 9 juin 1853, art. 10, en comptant pour moitié en sus de leur durée effective les services civils rendus hors d'Europe, par les fonctionnaires et employés envoyés d'Europe par le gouvernement français, sans toutefois que cette bonification puisse réduire de plus d'un cinquième le temps de service effectif exigé pour constituer le droit à pension, c'est-à-dire trente ans, ouvre le droit à pension après vingt-quatre ans de services effectifs dans les colonies, pour les magistrats coloniaux envoyés d'Europe. Leurs services dans les colonies sont comptés pour moitié en sus dans la liquidation de leur pension. Mais le supplément accordé à titre de traitement colonial n'entre pas dans le calcul du traitement moyen des six dernières années qui sert de base à la liquidation, et n'est pas soumis à retenue. Le traitement normal assujéti à retenue est fixé, dans chaque grade, d'après le traitement normal de l'emploi correspondant ou qui lui est assimilé en France (*décret du 9 novembre* 1853 , *art.* 22).

La pension des magistrats et autres fonctionnaires de l'ordre judiciaire attachés au service des colonies sera donc toujours, à parité d'offices, réglée sur les mêmes bases et fixée au même taux que celles des magistrats employés en France, conformément à la jurisprudence constante du conseil d'État [1].

Agents extérieurs et employés des bureaux.

(Ordonnance du 19 novembre 1823.)

ART. 2. — Le droit à la pension n'est acquis qu'après trente ans de services ; mais, en cas d'infirmités graves, constatées, reconnues, ladite pension peut être obtenue après des services de vingt-cinq ans [2].

---

[1] LEBON, *Arrêts du conseil d'État,* 12 mars 1846.

[2] Le droit à pension n'est acquis aujourd'hui qu'après soixante ans d'âge et trente ans de services. Les services civils rendus hors d'Europe, par les fonctionnaires et employés envoyés d'Europe par le gouvernement français, sont comptés pour moitié en sus de leur durée effective, sans toutefois que cette bonification puisse réduire de plus d'un cinquième le temps de service effectif exigé pour constituer droit à la pension. Cependant, après quinze années de services rendus

Art. 3. — La pension des agents extérieurs se calcule sur les grades dont ils ont été revêtus pendant
les quatre dernières années de leurs services, et en
prenant le terme moyen des pensions qui sont fixées
ci-dessous pour chacun de ces grades, après trente
années de services [1].

Les ambassadeurs. :	12,000 fr.
Les ministres ayant plus de 60,000 fr. de traitement.	10,000
Les ministres ayant 60,000 fr. et au-dessous.	8,000
Les résidents, les chargés d'affaires (nommés par nous en cette qualité, et les conseillers d'ambassade).	6,000
Les premiers secrétaires d'ambassade.	5,000
Tous les autres secrétaires d'ambas-sade ou de légation.	4,000
Les consuls généraux.	6,000

hors d'Europe, la pension peut être liquidée à cinquante-cinq ans
d'âge. V. les art. 5 et 19 de la loi du 9 juin 1853 et les notes.

En cas d'infirmités graves reconnues et constatées. V. le 3e § de
l'art. 5 et l'art. 11 de la loi du 9 juin 1853.

[1] Aux termes de l'art. 3 de la loi du 12 juillet 1836, qui ouvrait
un crédit extraordinaire de 100,000 fr. pour subvention à la caisse
des retraites du département des affaires étrangères, aucune pension,
liquidée postérieurement à sa promulgation, ne devait excéder le
maximum de 6,000 fr. déterminé par la loi du 15 germinal an XI.
(V. le *Moniteur* des 1er et 15 juin 1836, p. 1277 et 1439. V. les art
7 et 10 de la loi du 9 juin 1853 et l'art. 27 du décret du 9 nov. 1853.

Les consuls. 5,000

Les vice-consuls (et les consuls de deuxième classe, ordonnance du 22 août 1835, art. 9). 3,000

Les drogmans de première classe à Constantinople. 5,000

Les drogmans de deuxième classe dans la même résidence, ainsi que les premiers drogmans des consuls généraux. . . . 3,000

Enfin tous les drogmans autres que ceux ci-dessus désignés, et les interprètes chanceliers. 2,400

Nos secrétaires interprètes à Paris, ainsi que toutes les autres personnes qui ne sont point comprises dans la présente nomenclature, doivent être traités comme les employés des bureaux.

ART. 4. — La pension des employés des bureaux se calcule sur le traitement moyen dont ils ont joui pendant les quatre dernières années de leurs services, et s'élève à la moitié de ce traitement après trente années : elle ne peut toutefois dépasser un maximum de 6,000 francs [1].

---

[1] La pension des employés des bureaux, comme celle de tous les autres fonctionnaires, se calcule sur le traitement moyen des six dernières années, et à raison d'un soixantième de ce traitement moyen pour chacune des années liquidées. Elle ne peut excéder en aucun cas ni les trois quarts du traitement moyen, ni les maximum déterminés au tableau annexé à l'art. 7 de la loi du 9 juin 1853.

Art. 5. — L'agent extérieur qui devient employé des bureaux, de même que l'employé des bureaux qui devient agent extérieur, moins de quatre années avant l'époque de sa retraite, peut choisir entre les droits différents que donne chacune de ces deux qualités, et faire fixer sa pension d'après la combinaison qui lui est le plus favorable [1].

Art. 6. — Toute pension accordée avant trente années de services et dans le cas d'infirmités prévu par le deuxième paragraphe de l'art. 2, doit subir autant de trentièmes de diminution qu'il manque d'années à ce terme [2].

Art. 7. — Les seuls services qui donnent droit à la pension sur les fonds de retenue des affaires étrangères, soit qu'ils aient été rendus dans le ministère ou dans toute autre administration de l'État, sont ceux dont le paiement est directement effectué sur les fonds du budget.

Ils ne sont d'ailleurs comptés qu'à partir de l'âge de vingt ans; et leur durée totale, qu'elle soit de trente ou de vingt-cinq ans, doit toujours en comprendre une de quinze années au moins dans le département des affaires étrangères.

---

[1] Cette faculté n'ayant rien de contraire à la loi du 9 juin 1853, les agents extérieurs et les employés des bureaux du ministère des affaires étrangères peuvent en user comme par le passé.

[2] V. comment se liquide la pension en cas d'infirmités, art. 12 de la loi du 9 juin 1853.

Art. 8. — Le temps d'inactivité avec traitement dans le ministère des affaires étrangéres compte comme un temps de services actifs, pourvu toutefois que cette durée d'inactivité n'excède pas cinq années ; au-delà de ce terme, elle ne compte plus que pour moitié, et au-dessus de dix années que pour un quart.

La pension des agents extérieurs qui arriveraient à la retraite avec un traitement d'inactivité ne devrait pas être calculée sur ce traitement, mais sur le grade dont les agents auraient été revêtus pendant les quatre dernières années de leurs services actifs, conformément à l'art. 3 [1].

Art. 9. — La démission avant trente ans de services fait perdre tout droit à la pension de retraite, à moins d'une nouvelle activité de service dans le même ministère ou la même administration [2]; la sortie des ministères pour passer dans un autre ou dans le service militaire n'est point considérée comme démission.

Art. 11. — La pension payée 'sur les fonds de retenue du département des affaires étrangères peut être ajoutée à une autre pension payée sur les fonds de retenue d'une autre administration, jusqu'à con-

---

[1] V. le dernier § de l'art. 10 de la loi du 9 juin 1853, et les articles 25 et 27 du décret du 9 novembre 1853.

[2] La remise en activité, dans la même administration ou dans toute autre directement rétribuée par l'État, suffit pour que le premier service de l'employé démissionnaire, destitué ou révoqué, lui soit compté. V. les art. 27 et 28 de la loi du 9 juin 1853.

currence du maximum le plus favorable au pensionnaire ; mais cette pension ne saurait être touchée
avec aucun traitement, ni aucune rétribution quelconque pour service actif, et elle reste suspendue tant
•que dure ce traitement ; elle reprend d'ailleurs son
cours et son rang aussitôt après qu'elle a cessé, et
elle doit même s'accroître en proportion de la durée
du nouveau service actif, si elle n'a pas déjà atteint
son maximum et qu'elle ait subi la diminution indiquée à l'art. 6 [1].

Art. 12. — La veuve d'un pensionnaire, aussi bien
que celle d'un agent ou employé décédé dans l'exercice de ses fonctions, après trente années de services,
peut obtenir, si elle est dénuée de fortune, une pension égale au quart de celle dont jouissait ou avait droit
de jouir le défunt ; mais pour cela elle est tenue de justifier qu'elle était mariée avec lui cinq années avant
l'obtention de sa retraite, ou l'ouverture de son droit à
l'obtenir.

Dans le même cas de dénûment de fortune, chacun
des orphelins de père et mère, issus de mariages spécifiés ci-dessus, peut obtenir une pension égale au
vingtième de celle dont jouissait ou avait le droit de
jouir son père ; cette pension, dont la durée peut être
limitée à un nombre d'années quelconque, ne saurait
d'ailleurs lui être payée passé l'âge de dix-huit ans et
n'est point susceptible de reversibilité [2].

---

[1] V. la note 2 de la page précédente.
[2] V. les art. 13, 14, 15 et 16 de la loi du 9 juin 1853, pour le droit

MINISTÈRE DE L'INSTRUCTION PUBLIQUE ET DES CULTES [1].

Conseillers de l'Université, inspecteurs de l'Université, recteurs, inspecteurs des académies, doyens, professeurs des facultés, proviseurs des lycées, censeurs et professeurs des lycées.

(Décret du 18 octobre 1810.)

ART. 1er. — Le titre d'émérite est acquis aux membres de l'Université après trente ans de services non interrompus, et l'admission dans la maison de l'émérital, ou la pension comme émérite, pourra être accordée au bout de ce terme [2].

ART. 3. — La pension d'émérite sera égale aux trois quarts du traitement fixe dont aura joui le fonctionnaire pendant les trois dernières années de son exercice.

Cette pension s'accroîtra d'un vingtième du traite-

de reversibilité accordé aux veuves et aux orphelins, et les art. 29, 30, 31, 32, du décret du 9 novembre 1853, pour la justification du droit à pension et le mode de liquidation.

[1] Dans l'origine l'instruction publique et les cultes ne formaient que de simples divisions du ministère de l'intérieur ; les retraites des employés se liquidaient conformément au règlement du 4 juillet 1806. (V. ce règlement au *Ministère de l'intérieur* rapporté ci-après.)

[2] Le droit à la pension de retraite par ancienneté n'est acquis aujourd'hui qu'à soixante ans d'âge et après trente ans de services.

ment fixe, pour chaque année de service au-delà de trente ans. Elle n'augmentera plus passé le terme de trente-cinq ans, où elle deviendra égale au traitement fixe calculé comme il est dit ci-dessus [1].

Art. 5. — Ne sont pas compris dans les dispositions précédentes les membres de l'Université, sur le traitement desquels il n'est point fait la retenue prescrite par l'art. 20 du décret du 17 septembre 1808 [2].

Art. 6. — Les pensions de retraite des membres de l'Université ne seront accordées qu'à raison des services rendus dans les établissements d'instruction publique qui existent ou ont existé dans le territoire de l'empire français.

Dans les lycées, les écoles centrales. les anciennes

---

[1] La pension d'émérite fixée par l'art. 3 du décret du 18 octobre 1810 n'était plus pour les pensions à liquider à l'avenir et à compter du 19 avril 1820 que des trois cinquièmes dudit traitement. Cette pension s'accroissait d'un vingtième du traitement fixe pour chaque année de service au-delà de trente ans, sans cependant qu'en aucun cas elle pût excéder le dernier traitement fixe dont avait joui le pensionnaire pendant les trois dernières années de son exercice. Dans tous les cas, le maximum des pensions ne pouvait excéder la somme de 5.000 fr. (ord. du 19 avril 1820, art. 2). V. pour le droit à pension et sa liquidation, les art. 4, 5, 6 et 7 de la loi du 9 juin 1853, et les art. 7, 8, 9, 10 et 26 in fine du décret du 9 novembre 1853.

[2] La retenue du vingt-cinquième faite jusqu'à ce jour sur les traitements des proviseurs. censeurs et professeurs, pour les pensions de retraite, aura lieu sur tous les traitements de l'Université (déc du 17 septembre 1808. art. 20. B. IV. 3775). V. l'art. 4 de la loi du 9 juin 1853 et les notes

universités et colléges de plein exercice, les années de service seront comptées dans leur entier aux professeurs ou régents et fonctionnaires supérieurs.

Dans les colléges d'un ordre inférieur, où le droit à l'éméritat n'était pas accordé les années, de services ne seront pas comptées[1].

(Ordonnance du 1er-17 avril 1830.)

ART. 1er. — Des pensions de retraite pourront être accordées aux veuves des membres de l'Université, mariées depuis cinq ans au moins, et dont les maris viendront à décéder postérieurement au 1er juillet 1830.

ART. 2. — Ces pensions ne pourront excéder le tiers de celles auxquelles les décédés auraient eu droit.

ART. 5. — Les veuves qui se remarieront cesseront de recevoir des pensions et des secours sur les fonds de l'Université[2].

---

[1] Pouvaient être déclarés émérites après un exercice de trente années sans interruption :

Le grand-maître de l'Université; le chancelier; le trésorier; les conseillers à vie ; les conseillers ordinaires ; les inspecteurs de l'Université; les recteurs des académies ; les inspecteurs des académies ; les doyens ordinaires ; les professeurs des facultés ; les proviseurs des lycées; les censeurs des lycées ; les professeurs des lycées; les principaux des colléges ; les agrégés (art. 29 du décret du 17 mars 1808. B. IV, 3179. V. l'art. 10 de l'ordonnance du 25 juin 1825, *infra*, et l'art. 4 de la loi du 9 juin 1853).

[2] Voir les art, 13, 14, 15, 16 de la loi du 9 juin 1853.

Principaux et régents des colléges communaux, secrétaires des académies et des facultés, économes des lycées, agrégés professeurs des colléges particuliers, maîtres d'études.

(Ordonnance du 25 juin 1825.)

Art. 6. — A compter du 1er janvier 1825, les principaux et régents des colléges communaux qui se trouvent dans le cas prévu par l'art. 1er du décret du 18 octobre 1810 pourront obtenir des pensions de retraite[1].

Ces pensions seront liquidées par notre conseil royal de l'instruction publique, dans les formes et dans les proportions établies par notre susdite ordonnance.

Le minimum des susdites pensions est fixé à trois cents francs.

Art. 7. — Les secrétaires des académies, les secrétaires de facultés nommés par le grand-maître de l'Université, les économes des colléges royaux, les maîtres d'études des colléges royaux nommés par le grand-maître de l'Université pourront à l'avenir obtenir des pensions de retraite, comme les autres fonctionnaires des académies et de nos colléges royaux.

Art. 8. — Les agrégés de l'Université qui seront

---

[1] V. l'art. 4 de la loi du 9 juin 1853 et les notes.

employés comme professeurs dans les colléges particuliers de plein exercice, créés par l'art. 21 de notre ordonnance du 27 février 1821 [1], pourront obtenir des pensions de retraite comme les autres fonctionnaires de l'Université.

ART. 10. — A l'avenir et pour toutes les pensions qui seront liquidées à la charge, soit de l'ancien fonds de retraite, soit du nouveau fonds créé par notre présente ordonnance, il sera également tenu compte aux membres de l'Université des années d'exercice soit dans les anciennes universités, dans les colléges qui étaient tenus par des congrégations enseignantes, dans les écoles centrales, les écoles secondaires communales et les lycées, soit dans les facultés, dans les colléges royaux et communaux, et dans les fonctions administratives de l'Université.

Toutefois, les années pour la pension de retraite ne commenceront à courir, pour les maîtres d'études compris dans l'art. 7 de notre présente ordonnance, qui ne seraient point élèves de la ci-devant école normale, ou des écoles normales partielles créées par notre ordonnance du 27 février 1821, que du jour où ils auront atteint l'âge de vingt-quatre ans accomplis.

---

[1] Les maisons particulières d'éducation qui auront mérité la confiance des familles, tant par leur direction religieuse et morale que par la force de leurs études, pourront, sans cesser d'appartenir à des particuliers, être converties par le conseil royal en colléges de plein exercice, et jouiront, à ce titre, des priviléges accordés aux colléges royaux et communaux (ord. du 27 février 1821, art. 21, B. VII. 10, 355).

Décret *sur le traitement de réforme à accorder aux fonctionnaires ou agents que l'administration de l'instruction publique ne peut plus employer ni conserver dans ses cadres.*

(19 décembre 1851. — 10 janvier 1852. — B. XI, 3467.)

Art. 1ᵉʳ. — Les fonctionnaires ou agents que l'administration de l'instruction publique ne peut plus employer ni conserver dans ses cadres, et qui comptent cinq ans de services au moins, pourront obtenir un traitement de réforme.

Art. 2. — De cinq à quinze ans de services ce traitement de réforme sera égal au quart du dernier traitement d'activité ;

De quinze à vingt-cinq ans il sera égal au tiers ;

De vingt-cinq ans et au-dessus il sera égal à la moitié.

Art. 3. — Le traitement de réforme subira une réduction d'un dixième chaque année.

Il ne pourra se cumuler avec une allocation quelconque (traitement d'activité, pension, indemnité, secours) prélevée sur les fonds de l'État des départements et des communes.

Art. 4. — Le temps pendant lequel un fonctionnaire aura joui d'un traitement de réforme n'entrera pas en ligne de compte pour la liquidation de sa pension de retraite.

MINISTÈRE DE L'INTÉRIEUR, DES TRAVAUX PUBLICS, DE L'AGRICULTURE ET DU COMMERCE.

Employés des bureaux [1].

(Décret du 4 juillet 1806.)

ART. 8. — Les employés du ministère de l'intérieur pourront obtenir une pension de retraite après trente ans de services effectifs pour lesquels on comptera tout le temps d'activité dans d'autres administrations publiques qui ressortissaient au gouvernement, quoique étrangères à celle dans laquelle les employés se trouvent placés, et sous la condition qu'ils auront au moins dix ans de services dans le ministère de l'intérieur, ou dans les comités du gouvernement et les commissions exécutives qui représentaient ce ministère [2].

[1] Dans l'origine les ministères des travaux publics, de l'agriculture et du commerce ne formaient que de simples divisions du ministère de l'intérieur. Les dispositions du décret du 4 juillet 1806 ont continué d'être appliquées aux employés de ces différents ministères.

[2] Les services militaires, ainsi que les autres services rétribués par l'État, doivent être comptés aux employés des administrations civiles ressortissant au ministère de l'intérieur pour la liquidation de leurs pensions sur fonds de retenue (ord. en cons. d'État, 21 mars, 11 juin 1834. DUM., p. 427). Les employés des préfectures et sous-préfectures ayant été assimilés aux fonctionnaires de l'État par plusieurs décisions du cons. d'État et notamment par un avis du 7 juin 1849, le temps d'activité dans ces administrations doit être compté

La pension pourra cependant être accordée, avant trente ans de services, à ceux que des accidents ou des infirmités rendraient incapables de continuer les fonctions de leur place, ou qui se trouveraient réformés après dix ans de services et au-dessus par le fait de la suppression de leur emploi [1].

Art. 9.—Pour déterminer la fixation de la pension, il sera fait une année moyenne du traitement fixe dont les réclamants auront joui pendant les trois dernières années de leur service. Les gratifications qui leur auraient été accordées pendant ces trois ans ne feront point partie de ce calcul [2].

Art. 10.—La pension accordée après trente ans de services ne pourra excéder la moitié de la somme réglée par l'article précédent. Elle s'accroîtra du vingtième de cette moitié pour chaque année de services au-dessus de trente ans.

Le maximum de la retraite ne pourra excéder les deux tiers du traitement annuel de l'employé réclamant, calculé comme il est dit art. 9 [3].

pour la liquidation des pensions régies par le décret du 4 juillet 1806. (V. l'art. 9 et son commentaire de la loi du 9 juin 1853) Depuis la loi du 9 juin, il faut pour obtenir pension, non-seulement trente ans de services, mais soixante ans d'âge. (V. l'art. 5.)

[1] Il faut aujourd'hui que ces accidents ou infirmités résultent de l'exercice des fonctions. Pour obtenir pension par le fait de la suppression de leur emploi les fonctionnaires doivent compter cinquante ans d'âge et vingt ans accomplis de services. (V. l'art. 11 de la loi du 9 juin 1853.)

[2-3] La liquidation des services postérieurs au 1er janvier 1851 se fait

Art. 11. —Les pensions et secours aux veuves et orphelins ne pourront excéder la moitié de celle à laquelle le décédé aurait eu droit. Ces pensions ne seront accordées qu'aux veuves et orphelins des employés décédés en activité de service, ou ayant eu pension de retraite.

Les veuves n'y auront droit qu'autant qu'elles auraient été mariées depuis cinq ans, et non divorcées, ou qu'elles n'auraient pas contracté de nouveau mariage.

Dans le cas où le décédé n'aurait pas acquis de droit à une pension, sa veuve ne pourra y prétendre [1].

Art. 13.—Si l'employé laisse une veuve sans aucun enfant au-dessous de l'âge de quinze ans, la pension sera du quart de la retraite qui aurait été accordée à son époux, si elle eût été fixée à l'époque de son décès.

Dans le cas où le décédé aurait laissé à la charge de sa veuve un ou plusieurs enfants au-dessous de quinze ans, la pension pourrait être augmentée, pour chacun de ces enfants, de 5 0/0 de la retraite qui aurait été réglée pour le décédé, et sans toutefois que la totalité de la somme à accorder à la veuve, tant pour elle que pour ses enfants, puisse excéder le double de celle qu'elle eût obtenue dans la première hypothèse [2].

---

sur la moyenne du traitement des six dernières années. (V. les art. 6, 7, 18 de la loi du 9 juin 1853.)

[1-2] V. les art. 13, 14, 15, 16 de la loi du 9 juin 1853.

Employés du Conservatoire de musique : directeurs, professeurs.

(Ordonnance du 31 août, 19 septembre 1832.)

ART. 4. — Les services des directeurs, des professeurs et des employés, ne seront comptés, pour donner droit à une pension de retraite, qu'à partir de l'âge de vingt ans accomplis.

ART. 5. — Ne pourront être admis les années de surnumérariat, ou de service non rétribué, ni le temps des congés emportant suspension de traitement, ni les services rendus jusqu'au moment d'une démission volontaire ou d'une révocation.

ART. 6. — La quotité de la pension du directeur, des professeurs et employés, sera déterminée d'après la moyenne des appointements fixes dont ils auront joui pendant les quatre dernières années de leur activité.

Les indemnités et les gratifications ne seront pas comptées dans cette évaluation.

ART. 9. — Les employés du Conservatoire de musique n'auront droit à pension qu'après trente ans révolus de services effectifs salariés par l'État, et soixante ans d'âge.

La pension sera du tiers du taux moyen des quatre dernières années de leur traitement fixe [1].

____

[1] Elle se calcule aujourd'hui à raison d'un soixantième du traite-

Employés des prisons.

(Ordonnance des 8-23 septembre 1831.)

ART. 3. — Les employés des prisons auront droit à une pension de retraite après trente ans de services effectifs, dont quinze au moins dans les prisons [1].

ART. 4. — La pension pourra être accordée avant trente ans à ceux qui, ayant quinze ans de services dans les prisons, seront réformés par suppression de leur emploi, ou se trouveront incapables de le remplir par suite d'accident ou d'infirmités résultant de leur service [2].

ART. 5. — L'employé qui aura été blessé et mis par les prisonniers hors d'état d'exercer ses fonctions aura droit à une pension dont le *minimum* sera calculé sur vingt ans de services, et s'accroîtra dans la proportion de moitié de ses années de services effectifs [3].

ART. 6. — Tout employé démissionnaire, ou des-

ment moyen des six dernières années d'exercice, pour chacune des années liquidées. V. les art. 6 et 7 de la loi du 9 juin 1853. Les services antérieurs au 1er janvier 1854 seront liquidés à raison d'un soixantième du traitement moyen des quatre dernières années d'exercice.

[1] Il faut aujourd'hui pour obtenir pension, non-seulement trente ans de services, mais soixante ans d'âge.

[2-3] V. les art. 11 et 12 de la loi du 9 juin 1853.

titué par décision du ministre avant trente ans de services, perd ses droits à la pension [1].

Art. 7. — Les employés du service de sûreté, dans les maisons d'arrêt et de justice et dans les prisons pour peines, devront, pour être admis à la pension, justifier par certificats des procureurs généraux et des préfets qu'ils ont rempli fidèlement leurs devoirs et n'ont pas laissé évader de prisonniers par leur faute [2].

Art. 8. — Aucun gardien révoqué, après avoir été condamné pour des faits relatifs, ne pourra être admis à la retraite [3].

Art. 9. — Seront comptés, pour établir le droit à la pension, les services civils et militaires.

Art. 10. — Les services civils comprendront le temps d'exercice de toute fonction publique à laquelle est attaché un traitement, et de tout emploi dans les ministères, les directions qui en dépendent, et dans les bureaux des préfectures.

Ces services ne se compteront que de l'âge de vingt ans accomplis.

Art. 12 — Les services militaires seront admis à raison de leur durée effective, sans accroissement

---

[1-3] S'il est remis en activité, dans la même administration ou dans toute autre, son premier service lui est compté. (V. l'art. 27 de la loi du 9 juin.)

[2] Cette justification est encore nécessaire pour obtenir pension.

pour les campagnes ou pour toute autre cause.

ART. 13. — Si l'employé a déjà été pensionné comme militaire sur les fonds de l'État, ses services militaires ne seront plus comptés dans la liquidation sur la caisse des retraites, mais il pourra cumuler les deux pensions [1].

Les services militaires non récompensés n'accroîtront la pension que dans la proportion, pour chaque année, du trentième de la somme fixée comme *minimum* pour chaque grade, par les lois des 11 et 18 avril 1831 [2].

ART. 14. — Pour déterminer la quotité de la pension, il sera fait une année moyenne du traitement dont l'employé aura joui pendant les quatre dernières années de son activité [3].

Administration des haras et des écoles vétérinaires.

(Ordonnance des 20 juin-23 juillet 1827.)

ART. 6. — Les employés des haras et des écoles vétérinaires pourront obtenir une pension de retraite :

[1-2] V. les art. 8 et 28 de la loi du 9 juin 1853

[3] Aujourd'hui la quotité de la pension se détermine sur le traitement fixe des six dernières années ; mais les services antérieurs au 1er janvier 1854 seront liquidés à raison d'un soixantième par année du traitement des quatre dernières années d'exercice. V. les art. 6, 7 et 18 de la loi du 9 juin 1853.

1° après trente ans de services effectifs ; 2° après l'âge de soixante ans accomplis, si, dans l'une et l'autre position , ils ne sont plus en état de servir.

Le droit à la pension ne sera toutefois acquis, dans aucun de ces cas, qu'autant que l'employé compterait au moins dix ans d'activité dans les haras ou dans les écoles vétérinaires.

Art. 7.—Pourront exceptionnellement obtenir une pension , quel que soit le nombre de leurs années de services, les employés mis hors d'état de continuer leurs fonctions par suite de blessures ou d'accidents graves occasionnés par le service [1].

Art. 8. — Indépendamment des services rendus dans les haras ou dans les écoles vétérinaires , on comptera comme donnant droit à la pension les services rendus dans les troupes de terre et de mer, et dans les administrations civiles et militaires. Toutefois, ceux des services rendus dans d'autres administrations, qui ne seraient pas admissibles pour la retraite , d'après les règlements propres à ces administrations , seront rejetés.

Art. 9. — Les services militaires de terre et de mer ne seront comptés que pour le temps effectif de leur durée, sans doublement pour les années de campagne, et sans addition pour les années de grâce.

Art. 10. — Les services civils admissibles pour la retraite ne compteront que de l'âge de vingt ans ac-

---

[1] V. l'art. 11 de la loi du 9 juin 1853.

complis. Toutefois, les services que les palefreniers auront rendus dans les haras ou dans les écoles vété-rinaires pourront compter de l'âge de dix-huit ans. Dans aucun cas, le temps du surnumérariat ne pourra être compté.

ART. 11. — Toute démission avant l'âge ou le temps de service exigé pour la retraite fait perdre le droit à la pension, à moins de réadmission ultérieure dans le même service.

ART. 12. — Tout employé destitué perd ses droits à la retraite, quels que soient son âge, la durée et la nature de ses services; néanmoins, s'il est réadmis dans la même administration, ses services antérieurs lui seront comptés.

ART. 14. — Poar déterminer la fixation de la pension, il sera fait une année moyenne du traitement fixe pendant les trois dernières années. Les supplé-ments de traitement alloués par les art 10 et 11 de l'ordonnance du 16 janvier 1825 entreront aussi en compte pour déterminer l'année moyenne [1].

---

[1] *Ordonnance du 16 janvier 1825. B. VIII. 573.*

Art. 10. Les inspecteurs généraux et agents des remontes *actuellement en fonctions* recevront par an un supplément de trois mille francs, tant qu'ils seront en activité.

Art. 11. Les directeurs des haras, chefs de dépôt, agents spéciaux et vétérinaires, *actuellement employés,* qui, par l'effet de la présente ordonnance, ne trouveraient pas, dans la fixation nouvelle de leurs appointements, la quotité de leur ancien traitement fixe, en seront dédommagés par un supplément suffisant pour le compléter.

Art. 15. — La pension accordée à trente ans de services révolus sera de la moitié du traitement moyen, réglé comme il a été dit en l'article précédent. Elle s'accroîtra d'un vingtième de la moitié restante pour chaque année de service au-dessus de trente ans.

Art. 17. — Les services soit civils, soit militaires, récompensés par une pension sur les fonds généraux, concourront avec les services postérieurs non récompensés, pour établir le droit à la pension ; mais ils n'entreront pas dans la fixation du montant de la pension liquidée sur le fonds des retraites.

Art. 18. — Les services militaires non récompensés, et susceptibles de compter pour la pension, seront admis dans la liquidation, conformément à l'ordonnance royale du 6 mai 1818, et rétribués dans les proportions déterminées pour chaque grade par les règlements relatifs aux pensions militaires, et sous la restriction spécifiée en l'art. 9 de la présente ordonnance.

Art. 22. — Dans le cas où l'employé aurait déjà une pension sur fonds généraux, la jouissance de cette pension continuera d'avoir son cours cumulativement avec celle de la pension assignée sur le fonds des retraites, conformément à la loi du 16 mai 1818 et à l'ordonnance du 8 juillet suivant [1].

---

[1] Ce cumul n'est autorisé par la loi du 9 juin 1853 que dans la limite de 6,000 fr., pourvu qu'il n'y ait pas double emploi dans les années de services présentées pour la liquidation. La disposition qui précède n'est pas applicable aux pensions que des lois spéciales ont affranchies des prohibitions du cumul. (V. l'art. 31 de la loi du 9 juin 1853.)

Employés de la vérification des poids et mesures.

Ordonnance des 3 novembre, 1er décembre 1827. }

ARTICLE 1er. — Les pensions assignées sur cette caisse seront liquidées conformément au décret du 4 juillet 1806 [1] ; néanmoins, si ces employés avaient des services militaires à faire valoir, ces services ne seraient admis dans la liquidation que sur le pied du règlement propre aux pensions militaires , et au *prorata* du nombre d'années effectives de leur durée.

MINISTÈRE DES TRAVAUX PUBLICS [2].

Ingénieurs des ponts-et-chaussées. Conducteurs des ponts-et-chaussées. Inspecteurs de la navigation attachés au département des travaux publics [3].

(Décret du 7 fructidor an XII (25 août 1804).

ART. 35. — Les ingénieurs de tout grade auront droit à la retraite après trente ans de services effectifs dans le corps.

[1] V. ce décret, p. 216.

[2] Voyez pour la liquidation des pensions des employés de ce ministère le décret du 4 juillet 1806 , min. de l'intérieur, p. 216.

[3] Ord. du 9 janvier-23 février 1840.

Les trente ans dateront de la nomination comme aspirant, ou de l'âge de vingt ans dans le cas où l'aspirant serait au-dessous de cet âge lors de sa nomination [1].

Art. 36.—Pour déterminer le montant des pensions de retraite dues à chaque ingénieur, il sera fait une année commune du traitement dont il aura joui pendant les trois dernières années de son activité.

La pension sera de la moitié de ce produit pour trente ans de services, et d'un vingtième de l'autre moitié pour chaque année au-dessus de trente ans.

Art. 38.—Les pensions de retraite des ingénieurs ne seront pas reversibles à leurs veuves et à leurs enfants [2].

Art. 39. — Il sera accordé aux veuves des ingénieurs décédés une pension alimentaire à titre de secours ; elle sera du tiers de la retraite à laquelle les décédés auraient eu droit si cette retraite eût été liquidée à l'époque de leur décès ; et, dans tous les cas, elle n'excédera pas le maximum de 1,200 fr [3].

---

[1] A l'avenir le temps de service des ingénieurs des ponts-et-chaussées et des mines datera de leur entrée à l'école des ponts-et-chaussées ou à l'école des mines, ou de l'âge de vingt ans dans le cas où l'élève serait au-dessous de cet âge lors de sa nomination. — Le traitement alloué aux élèves des ponts-et-chaussées et des mines sera assujéti aux retenues (ord. du 5 août-20 octobre 1840). Il faut aujourd'hui non-seulement trente ans de services, mais soixante ans d'âge, pour avoir droit à pension.

[2-3] V. les art. 13, 14, 15 et 16 de la loi du 9 juin 1853 pour les droits des veuves et leur liquidation.

Pour obtenir cette pension les veuves devront prouver qu'elles étaient mariées depuis cinq ans, qu'il n'y a pas eu de divorce prononcé, qu'elles n'ont pas un revenu net de 600 fr.[1]

ART. 44. — Les ingénieurs des ponts-et chaussées attachés aux travaux des ports militaires auront droit aux retraites.

ART. 55.—Toutes les dispositions relatives aux retraites des ingénieurs sont applicables aux conducteurs; le maximum des retraites de ces derniers étant, du reste, fixé à 800 fr.[2]

—

Ingénieurs des mines.

(Décret du 18 novembre 1810.)

ART. 82. — Les ingénieurs de tout grade et actuellement en activité auront droit à la retraite après

---

[1] Abrogé par la loi du 9 juin 1853.

[2] A dater du 1er janvier 1840, le maximum de la pension de retraite, à laquelle les conducteurs des ponts-et-chaussées ont droit en vertu de l'art. 55 du décret susvisé, est fixé à la moitié du traitement moyen dont ils auront joui pendant les trois dernières années de leur activité (ord. du 9 janvier-23 février 1840, art. 2). V. l'art. 7 de la loi du 9 juin 1853.

A l'avenir, les veuves des conducteurs des ponts-et-chaussées, morts pensionnaires, ou en possession de droits à la retraite, auront *droit* à une pension. Cette pension sera liquidée d'après les mêmes règles que les pensions des veuves des ingénieurs des ponts-et-chaussées (ord. du 10 juillet-20 octobre 1840). V. l'art. 15 de la loi du 9 juin 1853.

trente ans de services effectifs, aux termes de l'art. 8 du décret du 4 juillet 1806 [1]. Ceux qui sont entrés dans le corps depuis l'établissement de l'École polytechnique n'auront droit à la retraite qu'après trente ans de services effectifs dans ce corps.

A l'avenir les trente ans dateront de la nomination comme aspirant, ou de l'âge de vingt ans, dans le cas où l'aspirant aurait été au-dessous de cet âge lors de sa nomination [2].

ART. 83. — Les pensions et secours accordés aux veuves des ingénieurs des mines ne pourront excéder la moitié de la pension à laquelle le décédé aurait eu droit [3].

ART. 84. — La quotité des pensions de retraite des ingénieurs, celles qui seront accordées à leurs veuves, et les secours dont leurs enfants orphelins seront susceptibles, seront réglés conformément aux dispositions du titre viii du décret d'organisation des ponts-et-chaussées [4].

ART. 86. — Tout ingénieur destitué perd ses droits à la pension quand il aurait le temps de service nécessaire pour l'obtenir : il ne peut prétendre ni au remboursement des sommes retenues sur son traite-

[1] V. ce décret, p. 210.

[2] V. la note de l'art. 35 du décret du 25 août 1804 qui précède.

[3] V. l'art. 13 de la loi du 9 juin 1853.

[4] V. les articles 5, 6, 7, 13, 14, 15, 16, de la loi du 9 juin 1853.

ment pour les pensions, ni à aucune indemnité équivalente [1].

Il en est de même des ingénieurs qui passeraient à un autre service hors du corps des mines sans la permission expresse du gouvernement [2].

—

Officiers de port.

(Décret du 10 nov. 1807, 22 mars 1833.)

ARTICLE 1er. — Les officiers de port de tout grade auront droit à une pension de retraite dans le département de l'intérieur.

ART. 3. — Seront précomptées sur les pensions de retraite à accorder aux officiers de port celles qu'ils auraient pu obtenir du ministre de la marine ou de tout autre département, pour services rendus avant leur nomination à l'emploi d'officier ou de maître de port. En conséquence, les officiers seront tenus de fournir, lorsqu'ils seront mis en retraite, un certificat du ministre de la marine constatant qu'ils n'ont pas de pension de retraite, ou qu'ils en ont une dont la somme sera indiquée.

ART. 4. — Les veuves des officiers de port qui seront morts en activité de service, à dater de l'organi-

—

[1] V. l'art. 27 de la loi du 9 juin 1853.

[2] V. l'art. 16 du décret du 9 novembre 1853.

sation nouvelle prescrite par notre décret du 10 mars 1807, pourront obtenir une pension alimentaire qui sera du tiers de celle que leurs maris auraient pu avoir à l'époque de leur décès [1].

Art. 8. — Les services des officiers de port dans la marine ou autre département seront comptés pour la liquidation de leurs pensions, dans le département de l'intérieur, de la même manière qu'ils le seraient dans le département de la marine , et conformément à l'arrêté du gouvernement du 11 fructidor an xi.

Art. 9. — Tout ce qui n'est pas réglé par le présent décret le sera conformément aux dispositions de notre décret du 7 fructidor an xii (25 août 1804), relativement aux pensions des ingénieurs et de leurs veuves [2].

—

Préposés au service des ponts à bascule.

(Décret du 25 janvier 1813.)

Un décret du 25 janvier 1813 , tout en fixant le droit à la retraite des employés des ponts à bascule , ne détermine aucune des règles applicables, soit à la durée, soit à l'admissibilité des services propres à motiver sa mise à exécution.

Il faut se référer, pour la liquidation des pensions

[1] V. l'art. 13 de la loi du 9 juin 1853.
[2] V. le texte de ce décret, p. 226.

de ces employés, aux règles générales posées par le décret du 4 juillet 1806, dont les dispositions servent de base, à défaut de règlement particulier, à la liquidation de toutes les pensions du ministère de l'intérieur dont faisaient autrefois partie les employés des ponts à bascule [1].

MINISTÈRE DE LA GUERRE.

Employés des bureaux ; agents de l'administration générale des poudres et salpêtres ; commis entretenus pour le service des bureaux de l'intendance militaire ; écoles militaires ; contrôleurs et réviseurs d'armes.

(Décret du 2 février 1808.)

ART. 2. — Les employés auront droit à une pension après trente ans de services effectifs, pour lesquels on comptera ceux dans les autres administrations publiques au compte du gouvernement, et ceux dans l'état militaire [1].

[1] DUMESNIL , *Man. des pensionn. de l'État*, p. 329.

[2] Dans la liquidation des pensions civiles imputables sur les caisses spéciales des retraites , tant de l'administration centrale du ministère de la guerre que des administrations et établissements qui ressortissent à ce département, les services civils admissibles pour la retraite ne seront comptés qu'à partir de l'âge de vingt ans accomplis (ordonn. du 20-29 déc. 1832). Il faut aujourd'hui trente ans de services et soixante ans d'âge pour avoir droit à pension.

Art. 5. — La quotité de la pension sera déterminée sur une année moyenne du traitement dont les réclamants auront joui pendant les trois dernières années de leurs services; les gratifications qui leur auraient été accordées pendant ces trois dernières années ne seront pas comptées dans le traitement [1].

Art. 14. — Les militaires ou fonctionnaires employés dans les bureaux du ministère ou de l'administration de la guerre dont les traitements sont payés en partie sur d'autres fonds que ceux destinés aux appointements des bureaux pourront, ainsi que leurs enfants, être traités à l'instar des autres employés du même ministère, s'ils consentent à supporter, sur la portion de leur traitement qui est payée par les bureaux, et subsidiairement sur celle qui est payée hors des bureaux, une retenue égale à celle à laquelle le traitement affecté à leur emploi dans les bureaux est assujéti.

Art. 17. — Les surnuméraires et les auxiliaires ne comptent point parmi les employés des bureaux du ministère et de l'administration de la guerre.

---

[1] Les services antérieurs au 1er janvier 1854 seront liquidés à raison d'un soixantième par année du traitement moyen des trois dernières années; les services postérieurs à raison d'un soixantième du traitement moyen des six dernières années. V. l'art. 18 de la loi du 9 juin 1853.

MINISTÈRE DE LA MARINE.

Employés du ministère [1].

(Décret du 2 février 1808.)

ART. 2. — Les employés auront droit à une pension après trente ans de services effectifs, pour lesquels on comptera ceux dans les autres administrations publiques au compte du gouvernement, et ceux dans l'état militaire, mais sous la condition qu'il y aura au moins dix ans de services dans les bureaux du ministère de la guerre.

ART. 3. —L'employé âgé de soixante ans, justifiant de vingt-cinq ans de services, dont dix ans dans les bureaux du ministère ou de l'administration de la

---

[1] Un décret du 4 mars 1808 a rendu ce décret applicable aux employés du ministère de la marine pour la liquidation de leurs pensions. Il continue de leur être applicable, et leurs retenues, comme par le passé, seront versées à la caisse des *Invalides de la marine*.

L'institution de la *caisse des Invalides de la marine* remonte au siècle de Louis XIV. Elle a été fondée par Colbert en 1674. (V. p. 13 et 14.) Organisée par l'édit de 1720 et la loi du 13 mai 1791, elle a toujours su se suffire à elle-même et n'a jamais eu besoin de recourir aux subventions. Sous l'Empire, on voulut la confondre avec celle des *Invalides de la guerre*, mais, par une ordonnance du 16 mai 1816, Louis XVIII la replaça sur les bases de son institution primitive. Elle est depuis sous la surveillance immédiate et exclusive du ministre de la marine (B. VII. 728.) Nous parlerons de son organisation dans notre *Code des pensions militaires*.

guerre, et que des infirmités empêcheraient de les continuer, sera traité comme s'il avait trente ans de services effectifs.

Art. 4. — Il pourra être également accordé une pension aux employés qui compteraient moins de trente ans de services effectifs ou de vingt-cinq ans de services et soixante ans d'âge, mais qui justifieraient de dix ans de services dans les bureaux du ministère ou de l'administration de la guerre, et qui ne pourraient continuer l'exercice de leurs fonctions, par suite d'une organisation nouvelle des bureaux ou par la suppression de leur emploi.

Art. 5. — La quotité de la pension sera déterminée sur une année moyenne du traitement dont les réclamants auront joui pendant les trois dernières années de leurs services ; les gratifications qui leur auraient été accordées pendant ces trois dernières années ne seront point comptées dans le traitement.

Art. 6. — La pension à trente ans de services effectifs ou à vingt-cinq ans de services et soixante ans d'âge, sera de la moitié de la somme fixée en conséquence de l'article précédent. Elle s'accroîtra d'un vingtième de cette moitié pour chaque année de service effectif au-delà de trente années, sans qu'elle puisse s'élever au-dessus des deux tiers du traitement calculé comme il est dit dans le précédent article ; mais dans aucun cas, elle ne pourra excéder la somme de 6,000 fr. pour les chefs de division, de 4,000 fr.

pour les chefs de bureaux, de 3,000 fr. pour les sous-chefs et de 2,000 pour les employés.

ART. 7. — La pension accordée dans les cas prévus par l'art. 4 ci-dessus sera, pour dix ans de services, du sixième du traitement fixé conformément à l'art. 5; elle s'accroîtra d'un soixantième de ce traitement pour chaque année de services effectifs au-delà des dix ans.

ART. 8. — Dans le cas de réforme par suite d'organisation, de suppression d'emploi et d'infirmités, les employés qui n'auront pas dix ans de services dans les bureaux du ministère ou de l'administration de la guerre n'auront pas droit à une pension, mais ils recevront, sur la décision du ministre, la totalité de la retenue qu'ils auront supportée, sans qu'il leur soit tenu compte des intérêts.

ART. 9. — La veuve d'un employé ne peut prétendre à une pension qu'autant que son mari est mort dans l'exercice de son emploi, ou jouissant d'une pension de retraite sur les fonds de retenue; qu'elle aura été mariée cinq ans avant la mort de l'employé mort pensionnaire, qu'elle n'aura point divorcé.

ART. 10. — La pension de la veuve est du quart de la pension de retraite à laquelle son mari aurait eu droit ou dont il aura joui; elle peut s'élever à la moitié de la pension, si la veuve est âgée de cinquante ans au moment du décès de son mari, ou s'il laisse à sa charge un ou plusieurs enfants au-dessous de l'âge de dix-huit ans.

Art. 11. — Les deux tiers de la pension dont la veuve a joui jusqu'à sa mort sont reversibles à cette époque, à titre de secours annuel, aux enfants de son mariage avec l'employé décédé ; et si l'employé est mort veuf, les orphelins qu'il laisse, quel que soit leur nombre, reçoivent également, à titre de secours annuel, les deux tiers de la pension à laquelle leur mère aurait eu droit, si elle eût survécu à son mari.

Art. 12. — Les enfants dont la mère aurait divorcé sont considérés et pensionnés comme orphelins.

Art. 13. — Le secours annuel cesse d'être payé lorsque le plus jeune des orphelins a atteint l'âge de dix-huit ans.

Art. 14. — Les militaires ou fonctionnaires employés dans les bureaux du ministère ou l'administration de la guerre, dont les traitements seront payés en partie sur d'autres fonds que ceux destinés aux appointements des bureaux, pourront, ainsi que leurs veuves et leurs enfants, être traités à l'instar des autres employés du même ministère, s'ils consentent à supporter, sur la portion de leur traitement qui est payée dans les bureaux, et subsidiairement sur celle qui est payée hors des bureaux, une retenue égale à celle à laquelle le traitement affecté à leur emploi dans les bureaux est assujéti. Ils auront en conséquence la faculté d'opter entre cette retenue, avec l'espoir d'une pension sur le fonds qui en provient, et l'exemption de toute retenue, sans aucun droit à la pension sur le fonds de retenue, en raison de l'emploi qu'ils exercent dans les bureaux.

Dans le premier cas, ils seront tenus de verser à la caisse d'amortissement le montant de la retenue, à compter de leur admission dans les bureaux.

Dans le second, ils seront exempts de toute retenue et recevront à la caisse d'amortissement le montant de celle qu'ils ont supportée jusqu'à ce jour; la remise leur en sera faite sur l'autorisation du ministre de la guerre ou de l'administration de la guerre sans qu'il leur soit tenu compte des intérêts.

Art. 15. — Tout employé destitué perd ses droits à la pension quand même il aurait le temps de service exigé pour l'obtenir; il ne peut même prétendre ni au remboursement des sommes retenues sur son traitement, ni à aucune indemnité équivalente.

Art. 16. — L'employé démissionnaire n'a droit de même à aucun remboursement, ni à aucune indemnité des retenues qui lui ont été faites, mais s'il était réadmis dans les bureaux, par la suite, le temps de son premier service compterait pour sa pension.

Art. 17. — Les surnuméraires et les auxiliaires, ne comptant point parmi les employés des bureaux du ministère et de l'administration de la guerre, ne sont assujétis à aucune retenue et n'ont droit à aucune pension de retraite.

Art. 18. — La liquidation des pensions sera faite par le ministre de la guerre ou de l'administration de

la guerre et soumise à notre approbation. Elles continueront d'être acquittées à la caisse d'amortissement
sur le produit de la retenue et subsidiairement sur les
capitaux, et si par suite ceux-ci venaient à s'épuiser,
la liquidation des pensions demandées serait retardée
jusqu'à ce que la retenue eût produit un fonds suffisant pour les acquitter.

MINISTÈRE DES FINANCES.

*Fonctionnaires et employés des finances, de l'enregistre-
ment et des domaines, des forêts, des douanes, des
contributions indirectes, des postes, des employés
commissionnés dans le régime financier en Algérie* [1].

(Ordonnance du 12 janvier 1825.)

ART. 10. — Pour déterminer la fixation de la pension il sera fait une année moyenne du traitement
fixe dont les employés admis à pension auront joui
pendant les quatre dernières années de leur activité [2].

---

[1] Ord. du 21 août 1839.

[2] Les services antérieurs au 1er janvier 1854 seront liquidés à raison d'un soixantième par année du traitement moyen de ces quatre
dernières années ; les services postérieurs au 1er janvier 1854 à raison d'un soixantième par année du traitement moyen des six dernières années. V. l'art. 18 de la loi du 9 juin 1853.

Art. 25. — Les services militaires non récompensés seront admis dans la liquidation des pensions des
employés, conformément aux ordonnances des 22 novembre et 6 mai 1818, et rétribués dans les proportions déterminées pour chaque grade par les règlements relatifs aux pensions militaires.

Les services militaires récompensés par une pension sur fonds généraux concourront avec les services civils postérieurs pour établir le droit à la pension, mais n'entreront pas dans la fixation numérique
de la pension liquidée sur les fonds de la caisse générale. La jouissance de la pension militaire sur
fonds généraux continuera d'avoir son cours cumulativement avec celle de la pension assignée sur les
fonds de la caisse générale, conformément à la loi
du 15 mai 1818.

Seront rejetés ceux de ces services qui ne seraient
pas admis dans la liquidation des pensions militaires
par le ministère de la guerre.

Art. 27. — Les services civils, admissibles pour
la retraite, ne pourront être comptés qu'à partir de
l'âge de vingt ans accomplis, et seulement à la date
du premier traitement d'activité.

Il n'est dérogé à cette règle qu'en faveur des facteurs de la poste et des matelots de l'administration
des douanes, dont les services en cette qualité, pourvu
qu'ils aient été salariés, leur seront comptés à partir
de l'âge de dix-huit ans.

Ne seront comptés dans aucun cas et sous aucun

prétexte, les services rendus comme suppléant, adjoint, élève ou surnuméraire, et généralement les services qui n'auraient pas été rendus dans le titre et la qualité de l'emploi dont on aurait exercé les fonctions.

ART. 28. — Les services militaires de terre et de mer seront admis pour le temps effectif de leur durée, sans doublement pour les années de campagne et sans addition pour les années de grâce.

ART. 29. — Tout employé destitué perd ses droits à la retraite, lors même qu'il aurait l'âge et le temps de services nécessaires pour l'obtenir. Cependant, si l'employé est réadmis dans la même administration, le temps de son premier service lui sera compté pour la pension.

ART. 30. — Toute démission avant soixante ans d'âge et trente ans de services fera perdre le droit à la pension, à moins de réadmission ultérieure dans la même administration. La sortie d'une administration pour passer immédiatement dans une autre ou dans le service militaire ne sera pas considérée comme démission.

ART. 31.—Les services civils dont la durée n'aurait pas été d'une année consécutive, et ceux qui, à l'avenir, seraient interrompus par une inactivité de plus de dix années, ne seront pas admis.

ART. 32. — Les employés qui, sur leur demande, seront remplacés par leurs femmes ou leurs enfants, à moins que ces derniers ne fussent employés de la même administration et dans un grade immédiatement inférieur, ne pourront prétendre à la pension de retraite, quel que soit le nombre de leurs années de services.

—

Employés de la cour des comptes [1].

(Décret du 10 fév. 1811, 8 mars 1831.)

Art. 9. — Pour fixer le montant de la pension, il sera formé une année moyenne du traitement dont l'employé aura joui pendant les trois dernières années de son service : les gratifications n'entreront point dans ce calcul [2].

Tous les services dans les établissements payés des fonds du Trésor, avec un traitement pour lequel on aura été en nom sur les états, seront comptés dans la liquidation.

Art. 16. — L'employé destitué perdra tous ses droits sur les fonds de retraite.

---

[1] Ce règlement ne s'applique qu'aux employés du greffe et des archives de la cour des comptes. Les pensions des magistrats de ladite cour étaient à la charge des fonds généraux de l'État et se liquidaient par application de la loi du 22 août 1790 et du décret du 13 septembre 1806.

[2] Les services antérieurs au 1er janvier 1854 seront liquidés à raison d'un soixantième par année du traitement moyen des trois dernières années ; les services postérieurs au 1er janvier 1854 à raison d'un soixantième par année du traitement moyen des six dernières années.

A l'égard du démissionnaire, les sommes qui auront été retenues de ses appointements demeureront acquises à la masse ; mais en cas de nouveaux services, ceux précédemment rendus devront être comptés pour la liquidation de sa pension.

Caisse d'amortissement, des dépôts et consignations.

(Ordonnance du 28 août 1822.)

Pour déterminer la quotité de la pension, il était formé une année moyenne du traitement fixe dont les réclamants avaient joui pendant les dix dernières années de leur exercice. Les gratifications qui leur avaient été accordées ne faisaient pas partie de ce calcul [1].

Les services dans l'administration des caisses d'amortissement et des dépôts et consignations étaient seuls comptés pour donner droit aux pensions et indemnités à la charge du fonds de retraite ;

---

[1] En introduisant la double liquidation prescrite par l'art. 18 de la loi du 9 juin 1853, en faveur des employés, anciens tributaires des caisses de retraite, supprimées, en exercice au 1er janvier 1854, le législateur a voulu leur assurer un avantage ; cette double liquidation ne doit pas avoir lieu si elle leur cause un préjudice : la pension des employés des caisses d'amortissement et des dépôts et consignations devra donc être liquidée à raison d'un soixantième du traitement moyen des six dernières années, pour chaque année d'exercice.

ils étaient calculés à partir de la date du premier traitement d'activité soumis à retenue. Les traitements accordés avant l'âge de vingt ans n'entraient pas dans ce calcul.

ADMINISTRATION DES POSTES [1].

Courriers des malles-postes.

(Réglement du 27 août 1814. — Ordonnance du 14 octobre 1845.)

L'ordonnance du 12 janvier 1825 n'a réuni en une caisse commune que les sept caisses de retraite qui

---

[1] Le directeur général des postes obtenait pension sur les fonds généraux du budget (loi du 3-22 août 1790, décret du 13 septembre 1806).

Les inspecteurs, les directeurs, les sous-inspecteurs, les commis, les facteurs de ville, les garçons de bureau, les chargeurs de malles, obtenaient ces pensions de retraite sur la caisse générale des pensions de retraite des fonctionnaires et employés des finances (ordonnance du 12 janvier 1825).

Les postillons des relais de poste, sur les fonds généraux du budget (*Instruction générale des postes*, art. 1329 à 1349).

Aujourd'hui, le directeur général des postes, les inspecteurs, les directeurs, les sous-inspecteurs, les commis, les facteurs de ville, les garçons de bureau, les chargeurs de malles, les courriers et postulants-courriers, les facteurs ruraux et les facteurs locaux, sont soumis aux retenues et obtiennent pension en vertu de la loi du 9 juin 1853.

Les postillons continuent à être soumis aux dispositions particulières de l'*Instruction générale des postes*.

existaient précédemment dans les services financiers, expressément désignées par son art. 1er. Certaines caisses spéciales dépendantes de l'administration des finances étaient restées en dehors de cette fusion à raison des conditions particulières imposées à leurs tributaires. C'est ainsi que la caisse des courriers des malles-postes était restée isolée dans sa spécialité, et qu'il en était de même de la caisse de retraite des greffes et du secrétariat de la cour des comptes, et de celle des employés de la caisse d'amortissement et des dépôts et consignations.

Intervenu dans l'origine, sous forme d'une simple délibération du conseil d'administration des postes, ce règlement du 27 août 1814 fut inséré depuis dans l'*Instruction générale sur le service des postes* (deuxième partie, titre 2, chap. 3, art. 1298 à 1328 inclusivement), qui a reçu l'approbation ministérielle le 29 mars 1832. Ce règlement n'avait encore que le caractère d'un arrêté ministériel, il fut soumis à la sanction royale et confirmé dans toutes ses dispositions par une ordonnance du 14 octobre 1845.

Art. 1302. — Les courriers ont droit à une pension de retraite à soixante ans d'âge, et après vingt-cinq ans de services. Cette pension est réglée au maximum fixé par l'art. 1304 [1].

Art. 1303. — Les courriers et postulants-cour-

---

[1] Les courriers et postulants-courriers ayant été placés dans le service actif, par l'art. 5 de la loi du 9 juin 1853, ont droit à une pen-

riers hors d'état de continuer leurs fonctions, par suite d'accidents éprouvés ou d'infirmités contractées au service, sont, à tout âge, et quelle que soit la durée de leurs services, admis à la pension de retraite.

Il en est de même pour ceux des courriers et postulants-courriers que leur grand âge ou des infirmités naturelles mettraient hors d'état de continuer leurs fonctions [1].

ART. 1304. — Le maximum de la pension est de 1,200 francs par année pour les courriers des routes de première section, et de 1,000 francs aussi par année pour les courriers des routes de seconde section [2].

sion de retraite à cinquante-cinq ans d'âge et après vingt-cinq ans de services, pourvu qu'ils en aient passé au moins quinze dans la partie active.

[1] Les courriers et postulants-courriers reconnus par le ministre hors d'état de continuer leurs fonctions, peuvent obtenir pension après vingt-cinq années de services, dont au moins quinze dans la partie active, sans condition d'âge, c'est-à-dire avant cinquante-cinq ans.

Peuvent obtenir pension, quels que soient leur âge et la durée de leurs services, ceux qu'un accident grave, *résultant notoirement de l'exercice de leurs fonctions*, met dans l'impossibilité de les continuer.

Ceux que des infirmités graves, *résultant de l'exercice de leurs fonctions*, mettent dans l'impossibilité de les continuer, ou dont l'emploi aura été supprimé, peuvent obtenir pension à quarante-cinq ans d'âge et après quinze ans de services dans la partie active. V. les art. 5, 11 et 12 de la loi du 9 juin 1853, et l'art. 37 du décret du 9 novembre 1853, seuls applicables aujourd'hui.

[2] Les routes de première section sont celles qui aboutissent à Paris; les routes de deuxième section sont celles qui servent de communi

Art. 1312. — Les services admissibles ne sont comptés aux courriers et postulants-courriers qu'à partir de l'âge de vingt ans.

Art. 1313. — Les services militaires non récompensés peuvent être admis dans la liquidation de la pension. Ces services sont rétribués dans les proportions déterminées pour chaque grade par les règlements relatifs aux pensions militaires. Ils ne comptent que pour le temps effectif de leur durée, sans doublement pour les années de campagne, et ils ne sont admis qu'après dix ans de services effectifs comme courriers ou postulants-courriers.

cation entre les principales villes de l'empire. Cette distinction, supprimée déjà par un arrêté du 6 février 2 mars 1849, B. X. 1151, n'est plus admise aujourd'hui pour fixer le *maximum* des pensions, qui est de 1,200 fr. pour les courriers et postulants-courriers. V. le tableau annexé à l'art. 7 de la loi du 9 juin 1853. Leur pension se liquide de la même manière. V. l'art. 7 de la loi du 9 juin 1853, et le 3e § de l'art. 26 du décret du 9 novembre 1853.

Les services des courriers et postulants-courriers, antérieurs au 1er janvier 1854, devront être liquidés à raison de 48 fr. par an.

Les services postérieurs au 1er janvier 1854 se liquideront à raison d'un soixantième par année du traitement moyen fixé comme il est dit au § 3 de l'art. 26 du décret du 9 novembre 1853. Néanmoins, pour vingt-cinq années de services antérieurement rendus dans la partie active, la pension pourra être de la moitié du traitement moyen fixé comme il est dit ci-dessus, avec accroissement pour chaque année en sus d'un cinquantième de ce traitement, sans pouvoir dépasser toutefois le maximum de 1,200 fr . V. les art. 13, 14, 15, 16 de la loi du 9 juin 1853, pour le droit de reversibilité aux veuves et aux orphelins.

Art. 1314. — Les services rendus dans une des administrations ressortissant au département des finances seront également admissibles dans la liquidation de la pension, et seront rétribués d'après les bases établies par l'ordonnance du 12 janvier 1825, pour le temps seulement de la durée effective de ces services. Ils ne seront admis qu'après dix ans de services en qualité de courriers ou postulants courriers.

Art. 1315. — Tout courrier ou postulant-courrier destitué perd ses droits à la pension de retraite, lors même qu'il aurait l'âge et le temps de services nécessaires pour l'obtenir ; cependant, s'il est réadmis dans l'administration, le temps de son premier service lui est compté.

Art. 1316. — Toute démission, avant soixante ans d'âge et vingt-cinq ans de services, fait perdre les droits à la pension, à moins de réadmission ultérieure dans l'administration.

FIN.

TABLE ANALYTIQUE.

Tous les fonctionnaires directement rétribués par l'État ont droit à pension depuis la loi de 1853, et sont soumis aux retenues. Nous ne donnons ici que la nomenclature de ceux qui sont l'objet de dispositions spéciales, pour la perception de ces retenues et la liquidation de leur pension.

A

Administration des postes, 244.

Affaires étrangères (agents extérieurs), 55, 81, 83, 95, 96, 100, 102, 104, 204.

Affaires étrangères (employés des bureaux), 81, 204.

Agriculture et commerce (employés du ministère), 81, 216.

Ambassadeurs, 83.

Amortissement (employés de la caisse d'), 81, 89, 243.

B

Bureaux de poste ambulants (employés des), 48.

C

Chambre des pairs (employés de l'ancienne), 81.

Chanceliers d'ambassade, de légation et de consulats, 83, 89.

Chargés d'affaires en titre, 83.

Chargeurs de malles, 82.

Colléges communaux (principaux, régents et professeurs), 46, 81, 90, 104, 213.

*Comptables des finances, 44, 46.

Conseillers d'État, 76, 179.

Conseil d'État (membres non replacés de l'ancien), 42.

Conseil d'État (employés des bureaux du), 81, 191.

Conservateurs des hypothèques, 83.

Conservatoire de musique (professeurs et employés), 81, 219.

Contributions indirectes (employés du service actif), 82, 239.

Contrôleurs et reviseurs d'armes, 81, 232.

Corps législatif (employés du), 39.

Cour des comptes (employés au greffe et aux archives de la), 81, 242.

Cour des comptes (magistrats de la), 83, 98, 104, 199, 201, 242.

Courriers des malles-postes, 81, 82, 83, 104, 244.

Cultes (employés du bureau des), 81, 210.

D

Directeur général des postes, 244

TABLE DES MATIÈRES.

FIN DE LA TABLE DES MATIÈRES

PARIS. — Imp. LACOUR, rue Soufflot, 43.